천재정치

Copyright©The Raelian Foundation 2008

이 책은 국제 라엘리안 무브먼트를 통해 저자와 한국어판 번역에 대한 계약을 체결하고 완역 출판한 것이다. 이 책의 어떠한 부분도 재출판되거나 검색시스템에 저장되어서는 안 되며, 판권소유자 또는 저작권소유자의 사전 허가 없이 판매 또는 이익취득의 목적으로 전자적 또는 기계적 복사, 사진 복사, 인쇄, 녹음, 기타 어떠한 형태나 수단으로도 타인에게 전달되어서는 안 된다.

엘로힘이 전한 메시지를 수록한 저자의 책은 5권으로 출간되었으며 그것은 다음과 같다.

「지적설계 – 설계자들로부터의 메시지」

「천재정치」

「감각명상」

「YES! 인간복제」

「각성으로의 여행」

본서는 1977년 "La Fondation Raelienne"에서 출판한 라엘의 프랑스어 원작

「천재정치 "La Geniocratie"」의 한글완역본이다.

천재정치

5판 1쇄 발행 2020년 8월 6일 / 지은이 · 라엘 / 펴낸이 · 한국 라엘리안 무브먼트
번역 · 정윤표 / 펴낸곳 · 도서출판 메신저 / 주소 · 서울특별시 관악구 구암길 76,
관악드림타운아파트 삼성상가동 301호(상가동) / 전화 · 02-536-3176
FAX · 02-594-3363 출판등록 · 16-195 (1988. 8. 1)
ISBN · 978-89-85192-04-0 03340

개정판 정가 10,000원

천재정치
GENIOCRACY

세계인의
세계인을 위한
천재에 의한 정부

라엘

CONTENTS

서문 1 · 7
서문 2 · 10
머리말 · 12

제 1 장　　천재정치의 원리

통치형태의 변천소사 · · · · · · · · · · · · · · · · · · · 17
천재에 권력을 부여할 수 있는 방법 · · · · · · · · · · · 21
원시적 민주주의 : 평균정치 · · · · · · · · · · · · · · · 23
천재정치: 선택적 민주주의 · · · · · · · · · · · · · · · 25
천재정치와 파시즘 · 27
천재정치, 엘리트주의 및 귀족정치 · · · · · · · · · · · 29
천재정치의 수립방법 · · · · · · · · · · · · · · · · · · · 35
천재정치의 기본 목표 · · · · · · · · · · · · · · · · · · 40
세계천재정치정부의 수립 · · · · · · · · · · · · · · · · 41
천재정치와 합의제 · 46
세계천재정치정부의 구성 · · · · · · · · · · · · · · · · 51
지역천재정치의 구현 · · · · · · · · · · · · · · · · · · · 52

제 2 장　　지구를 개화와 행복의 세계로 만들기 위한 제안

경 고 · 59
자신이 바라지 않는 일을 하고 있는 노동자에게 · · · · · · · · 61
소득격차의 시정에서 화폐의 폐지로 · · · · · · · · · · 70
배급경제 · 72
노동과 매춘 · 74
미래의 노동자 : 전자로봇 또는 생물로봇 · · · · · · · · 76

화폐의 폐지: 진정한 가치로의 복귀 · · · · · · · · · · · · · 83
가장 위험한 종파(Sect) : 군대 · · · · · · · · · · · · · · · · 87
어떻게 군인을 입 다물게 할 것인가 · · · · · · · · · · · · · 93
유전자증명서 제도의 창설 · · · · · · · · · · · · · · · · · · 95
교육 · 97
여성 및 개발도상국 주민들의 지위 · · · · · · · · · · · · · 100
인구문제 · 103
재판 · 105
억압받고 있는 청소년들 · 107
개화 센터의 설립 · 109
과학의 은혜에 의한 자연으로의 복귀 · · · · · · · · · · · · 112
세계어의 창안 · 114
과학의 보급 · 116
자유, 그리고 자유의 존중 · · · · · · · · · · · · · · · · · · · 120
여론의 규격화 : 가장 큰 위험 · · · · · · · · · · · · · · · · 125
황금시대 · 128
매우 중요한 유념사항 · 131

제 3 장　세계천재정치정부 창설

지구의 천재들을 향한 호소 · · · · · · · · · · · · · · · · · · 135
세계천재정치정부: 세계의 두뇌 · · · · · · · · · · · · · · · 142
세계천재정치정부의 실행 계획 · · · · · · · · · · · · · · · · 143
세계천재정치정부의 재정 조달 방법 · · · · · · · · · · · · · 145
최초의 세계천재정치운동 창설을 지원하자 · · · · · · · · · 146

"결집되어 조직화된 충분한 다수의 지성에 대항할 수 있는 것은 우주에 아무 것도 존재하지 않는다."

··· 테이야르 드 샤르뎅 (Teilhard de Chardin)

서문 1

마르셀 테루스 (Marcel Terrusse), 화공학자

클로드 보리롱이 저술한 이 책은 나를 열광시키고 감동시켰다.

우리는 모두 자신의 장래가 불확실한 것에 대해 불안하게 생각하고 있다. 그러나 이 책은 우리의 이러한 불안을 일소시켜 준다. 왜냐하면 이 책은 우리가 직면하고 있는 정치적, 경제적, 사회적 제반문제의 해결책이 존재한다는 것을 보여주고 있기 때문이다.

종래의 정치가들은 이 행성의 관리와 정비 및 조직화를 주도하기에는 역부족이며, 우리는 이 중요한 일들에 대한 선택이 보다 책임 있는 레벨에서 행해질 필요가 있다는 것을 인식하고 있다. 우리는 과학기술사회의 발전을 위해 막대한 에너지를 집중시켜 왔지만 옛날 그대로의 관습을 유지하고 있기 때문에 사회적 및 정치적 구조는 점점 더 시대에 뒤떨어지고 있다.

우리의 이 행성은 전 인류의 운명이 걸려 있는 하나의 마을과 같다는 것을 인식할 필요가 있다. 이 사실을 자각하고 관용과 사랑의 마음을 기르며 공격성과 광신을 진정시키는 사람들의 노력에 인류의 생존이 달려 있다.

인간의 충동적 공격성에 기인하는 위험을 피하기 위해서는 이성이 권력을 잡지 않으면 안된다. 과학에 가치판단을 내린다는 것은

무의미하다. 지식은 언제나 바람직한 것이며, 이 지식을 이용한 유익한 발견을 환영할지 아니면 거꾸로 악용될 위험을 두려워할지는 사람들의 이해와 의지에 따른 정치적 결정에 달려 있다. 실제로 그것은 정치적 및 사회적 선택의 문제이며, 나아가 관용과 박애주의의 문제인 것이다.

우리 사회의 변혁을 가능하게 하기 위해서는 자기자신의 무분별함이나 비상식성을 자각할 필요가 있다. 우리가 천재에 의해 통치되는 황금시대를 맞이할 수 있으려면 이런 냉철함, 용기, 실용주의 그리고 지성이 정말 필요하다.

나는 선택적 민주주의에 관한 모든 제안 및 천재정치 사회의 건설 계획에 깊이 감동되었음을 고백하지 않을 수 없다. 그러므로 나는 이 천재정치 운동에 전면적으로 찬성하고 싶다.

이 책을 읽고 나는 우리가 현재 빠져 있는 악습의 증명부터 시작하여 마지막에는 우리 사회의 구조와 관습의 전면적 변혁을 제안하는 것으로 끝마치는 논리전개의 명확함과 내용의 간결함에 감명받았다.

이 책은 보통을 뛰어넘는 지성을 지닌 한 인간의 사색의 산물이며, 그 내용은 최고로 냉철한 두뇌가 이루어낸 놀라운 총합작용의 결과이다. 그러므로 이 책에 흐르고 있는 정신은 자기 나라만 생각하거나 두꺼운 금고의 견고한 벽 속에 갇혀 살아가는 인간들의 사사로운 물질적 이익을 대변하는 것이 아니라 깊은 인류애를 통해 인류의 진정한 이익만을 옹호하려는 배려인 것이다.

  정치지도자들은 냉철한 선택을 하기에 적합하지 않으며, 그들은 타인에 의해 조종되고 정상적 감각이 마비되어 있는 민중의 대표에 지나지 않는다는 사실을 인정할 수 있을 것인가? 이 책을 읽고 기분이 상한 사람들도 있을지 모르겠다. 그러나 전체의 이익 앞에서 사사로운 감정은 얼마만한 중요성을 갖는 것일까?

  클로드 보리롱의 이 책은 희망의 책이다. 그의 말들이 실현되기 위해서는 모든 사람들의 큰 노력이 필요할 것이다. 그러나 그것이 실현되었을 때의 기쁨은 얼마나 클 것인가? 또 권력이 뛰어난 천재들의 지성과 결합되어 진정한 가치를 행사하는 사회에서 안심하고 살 수 있을 때 그 평온함이란 진정 어느 정도일 것인가?

  우리 인간은 자기 운명의 지배자이다. 따라서 인류가 수 천년간 겪어 온 잘못된 경험을 결산하고 이제 최고의 이성에 의해 통치되는 황금시대로 들어가는 것을 선택하는 것이야말로 우리가 해야할 바가 아닐까? 그것이야말로 인류의 진정한 진보가 아닐까? 우리는 사신의 행동에 대해 책임져야 한다. 이제 우리는 올비로 이해하고 행동해야 할 때이다.

  클로드 보리롱의 '천재정치'는 나에게 있어 사랑과 천재와 희망의 책이다.

서문 2

미셸 데디에(Michel Deydier), 심리학자

세상의 여러 요소 중에서 지성은 가장 순수하며 또한 가장 영향력 있는 에너지를 만들어낸다. 인간은 자신의 두뇌와 지성의 활동에 따라 자신의 세포들을 조직화한다고 말해도 과언이 아닐 것이다. 그리고 한 사람이 어느 집단에 소속될 때 그의 세포들은 새롭게 조직되고 실패의 경험을 통해 변화를 겪게 된다. 이러한 것은 사회심리학적으로 볼 때 통합되려는 정신의 표현이다.

사회학 가운데는 생물심리학적 요인이 존재하며, 동물이나 인간에게는 신체적 구조의 차이에 따라 의식이나 사고의 수준에 서로 다른 계층이 존재한다는 사실을 부정하는 것은 비상식적인 일이다. 이런 비상식적, 비이성적인 사고들은 신경심리학의 실험실 안에서 점차 사라지고 있다. 왜냐하면 그곳에서는 수 년전부터 생명의 구조에 관한 지식들이 쌓여가고 있기 때문이다. 그러므로 이 기회를 놓쳐서는 안된다. 과학적인 지식은 은밀한 '요리의 비결' 같은 것이 전혀 아니며 또 그렇게 되어서도 안된다.

클로드 보리롱은 그의 경이적인 노작인 이 책에서 우리 문명의 밑바탕에 깔려있는 여러가지 주제들을 분석하고 또 종합하고 있다.

이 책에는 개인의 심리적 개화에 관한 모든 문제들이 매우 적절하게 다루어지고 있으며, 사회적 행동의 여러 원칙들과 배경에 관한 기술은 생물심리학적 필연성과 놀라울 만치 일치하고 있다.

이 책의 내용 중에서도 나는 전문가적 입장에서 볼 때 사람들이 심리적 억압의 해방과 창조성의 개발을 통해 각자 바라는 대로 정신적 충실화를 달성할 수 있는 개화센터를 설립하자는 제안을 지지하고 싶다. 이 개화센터에서 우리의 아이들은 자신의 잠재능력과 적성 및 취미의 개발을 통해 우리들이 결코 알지 못했던 것들을 알 수 있게 될 것이다.

그러나 개화가 우리들이 기대할 수 있는 유일한 성과는 아니다. 어린이로부터 청소년, 어른에 이르기까지 자기파괴, 공격성, 범죄, 가학증, 심리적 억압 등의 부정적 경향을 정신분석학적으로 발견해내는 일도 비로소 가능해질 것이며, 따라서 완전한 치료법을 발견할 수 있을 때까지 범죄 또는 공격적인 행위가 표출되는 것을 예방하기 위한 사전조치를 할 수 있을 것이다.

이 책의 풍부한 내용을 여기서 내가 이것저것 말하는 것은 적절하지가 않다. 왜냐하면 독자들은 자신의 사고능력을 통해 가장 객관적으로 볼 수 있기 때문이다. 괴학과 천재의 사랑이라는 실로 짜여진 옷과 같은 이 책의 페이지들을 넘기면서 당신은 '세계 천재 정치 운동'과 마주치게 될 것이며, 그 때 당신은 휴머니즘의 관점에서 자신의 선택에 대해 다시 한번 생각하게 될 것이다.

머리말

 이 책은 1939년부터 1945년에 걸쳐 일어난 세계대전이 정말로 최후의 것이고 또 히로시마의 원폭이 무고한 민중을 살육한 최후의 것이기를 바라고 있는 모든 인간들을 향해 씌어진 것이다. 또 자신들의 발명품이 정치 및 군사적인 권력자에 의해서 살인무기로 악용되는 것을 보고 진저리를 치고 있는 과학자, 천재 및 발명가들을 향한 것이기도 하다. 나아가 현재 직면하고 있는 전면적 파괴의 끊임없는 위협이나 불안으로부터 탈출하기 위해 세계의 운명을 책임지고 떠맡기기에 가장 적합한 사람들이란 가장 상상력이 풍부하고 우리 문명에 어울리는 새로운 세계기구를 창출할 수 있는 사람들, 즉 과학자, 천재 및 발명가들이라고 생각하는, 자기 자신은 과학자도 천재도 발명가도 아닌 사람들을 향해서 씌어진 것이다.

 통치한다는 것은 앞을 내다보는 것이다. 따라서 아무 것도 내다볼 수 없는 위정자는 통치자로서의 능력이 없다. 그러면 어째서 위정자들은 무능한가? 그것은 그들이 민주주의적으로 선출되어 그 지위에 올랐기 때문이다. 전면적인 민주주의는 선거민의 지성이라는 것을 전혀 고려에 넣고 있지 않다. 거기에서 한 사람의 아인슈타인의 목소리는 우둔한 무리의 목소리에 당할 수 없다. 왜냐하면 아인슈타인보다는 우둔한 무리 쪽의 사람 수가 더 많기 때문이다. 즉 우리는 우둔한 독재 밑에 놓여 있는 것이다. 이러한 독재가 가져올 수 있는 결과를 보려면 우리의 주위를 둘러보는 것만으로도 충분하다.

원시적인 민주주의는 '평균정치(mediocratie)'일 수밖에 없다. 그 이유는 평균적(mediocre)지성을 가진 사람들이 필연적으로 가장 다수파가 되어 버리기 때문이다. (mediocre는 평균이라는 뜻의 라틴어 medius로부터 나왔다.)

천재정치란 선택적 민주주의에 의해, 현재 행해지고 있는 것과 같이 대학교에서 열심히 공부한 사람들이 아니라 평균보다 뛰어난 지성을 가진 사람들에게 권력을 주는 것이다. 그러므로 기술자들 중에서만이 아니라 노동자나 농민들 가운데에도 천재는 존재하는 것이다. 때가 늦기 전에 인류의 운명을 책임지지 않으면 안 되는 사람들은 바로 이러한 천재들이다.

평균보다 뛰어난 지성을 가진 사람들에 의해 세계가 통치되기를 바라는 것은 과연 졸렬한 생각일까?

세상의 종말을 예고하는 최후의 심판일 예언자들은 어느 시대나 존재해 왔지만 그들은 대중을 매료시킬 과학적인 논거는 단 하나도 가져오지 않았다. 그러나 오늘날 이러한 '천년왕국' 예언자들은 탁월한 과학자들과 무신론 철학자들이며 심지어 국가 수상들이기도 하다. 왜냐하면 인류역사 이래 처음으로 인간은 전면적 핵재앙으로 자기 행성의 전 생명체를 멸망시키며 자멸하기에 충분한 수단을 지녔기 때문이다.

인류가 지구상에 존재한 이래 이런 일은 이전에는 한번도 일어나지 않았다. 이것은 우리에게 주어진 기회이다. 이 시대에 살고 있는 기회란 우리 인류가 멸망할지 아니면 사랑과 우애와 개화에 기반한 새로운 황금문명시대로 진입할지 선택할 수 있는 기회인 것이다.

이제부터 본문을 읽으려고 하는 당신은 이 궁극적인 선택에 책임져야 할, 또한 우리 다음에 이어지거나 혹은 이어지지 않을지 모르는 모든 미래 세대에 대해 책임져야 할 한 사람이다. 그러므로 무관심한 방관자로서가 아니라 당사자의 한 사람으로서 이 책을 읽어 주기 바란다. 왜냐하면 이것은 당신의 생과 사가 걸려 있는 당신 자신의 문제이니까!

제 1 장

천재정치의 원리

통치형태의 변천소사

> "공화국에 학사는 필요 없다."
> ...라보아제(Lavoisier)의 판결문구
> "사람마다 어리석고 지혜가 없다."
> ...성서 예레미야서 10장

인류가 탄생된 이래 대체로 어떻게 통치되어 왔는가?

처음에는 가장 힘센 자들이 다른 사람들에게 자기들을 따르도록 물리적인 압력을 가했다. 그들은 육체적인 힘을 사용하여 재물과 부를 축적했다.

그들의 부는 자식들에게 상속되었고, 따라서 힘센 자들의 통치는 부유한 자들의 통치로 옮겨 갔다.

부유한 자들은 통치하면서 그의 신하 가운데 가장 지성적인 자들이 발견한 모든 지식을 획득했다.

그런 다음 부유한 자들은 그런 지식을 대중이 알지 못하게 조치함으로써 지식을 가진 자들의 통치를 확립했다.

이 지식의 소유자들은 스스로 천부적 우월자로 자처하며 그들의 백성을 착취하고 억압하고 학대했다.

그리하여 민중은 마침내 이러한 지식 소유자들을 타도하고 그들을 통치할 다른 지식 소유자들을 민주적으로 선출하게 되었다.

이것이 '권력의 자리에 앉은 지식인'이다. 그러나 지식은 지성이 아니다. 그러므로 모든 일이 잘 돌아가지 않았다. 왜냐하면 지식이라는 것은 어떤 컴퓨터라도 해낼 수 있는 간단한 기억작용에 불과하며 지식 그 자체만으로는 문제의 해결책을 발견하기 어렵기 때문이다. 따라서 '통치하는 지식인들'은 천재들이 선의로 고안한 발명품들을 살인적인 목적에 이용했으며, 천재들로 하여금 그들의 권력에 충성하도록 강요했다.

그런 다음 지식 소유자들로 구성된 정부는 최상급의 학교들을 세우고 그곳에서 다른 사람들의 발명을 이용하여 정부를 운영하고 민중을 통치하는 방법을 가르쳤다.

지식을 가진 자의 통치를 천재의 통치로 바꾸지 않으면 안 된다. 대학교는 정선된 암기물만 머리에 채워 넣을 뿐 천재를 양성해내지 못한다. 양식과 지성을 갖추는 것은 대학을 나왔든 안 나왔든 아무 관련이 없는 것이다.

어느 시대를 막론하고 권력자들이 인류를 위험에 빠뜨리는 데 이용한 발명가들이 존재했다. 그렇게 이용되고 배신당한 발명가들은 자신의 발명품이 무고한 민중을 살상하기 위해 쓰이는 것을 보고 비통해 했다.

이러한 행태를 더 이상 용납할 수는 없다.

인류를 지금까지 진보시키고 또한 항상 진보하도록 만들 유일한 사람들에게 권력을 맡길 때가 되었다. 그들은 근육질의 야수같은 자들도 아니고, 재물을 축적한 자들도 아니고, 지식만 쌓은 자들도 아니고, 정치가들도 아니고, 군인들도 아니다. 이러한 자들은 모두 통치할 기회를 가졌고 그들이 통치할 때 할 수 있었던 것을 이미 보여 주었다. 통치자로서 할 수 있는 것을 보여줄 기회가 없었던 사람들은 오로지 천재들 뿐이다!

  만약 아인슈타인이 자신의 발견이 나쁜 데 이용될 줄 알았으면 그는 결코 그것의 이용을 용납하지 않았을 것이다. 그러나 그가 깨달았을 때는 이미 때가 늦었다. 군대라는 조직화된 야만인들이 이미 하늘을 나는 요새를 히로시마로 날려 보내고 있었던 것이다.

  천재들은 단결하여 자신들의 발명을 사용하는 데 대한 전적인 결정권을 확보해야만 한다. 그들은 정치적, 군사적 압력에 저항하고 자신들의 독립성과 비폭력주의를 주장해야만 한다. 인류가 자신의 가장 소중한 자산, 즉 천재들로부터 혜택을 받을 수 있는 시간은 아직 남아 있다.

〈통치형태의 발전〉

통치형태	통치의 기초	특징
야만인들	힘	완력
가진자들	야만인에 의해 축적된 부의 상속, 이것으로 자신들을 존경하도록 만들기 위해 힘센 자들을 고용	부
가진자들	지식의 용의 주도한 독점과 고용된 힘센 자들을 이용한 지속적인 보호	부
지식인들	압제자인 가진 자들을 타도한 민중에 의해 선출	지식 및 여론조작에 사용할 수 있는 부
군대	조직적인 폭력에 특화된 지식의 이용	무기의 사용 및 어떠한 명령에도 복종할 수 있도록 젊은 이들을 세뇌함
천재들	지성	양식(良識), 상상력, 통합적 사고 능력, 즉 천재

천재에 권력을 부여할 수 있는 방법

"지혜 있는 자는 하늘의 빛처럼 빛나고, 많은 사람을 올바르게 인도한 자는 별과 같이 영원히 빛나리라."　　　　...성서 다니엘서 12장 3절

　인류는 각 세포가 각 개인에 상응하는 하나의 인체에 비유할 수 있다. 어떤 세포는 이동하는 음식물을 소화하는 기관의 일부가 되고 또 어떤 세포는 몸이 걸어야 할 방향이나 음식물을 선택하는 결정을 내리는 부분, 즉 두뇌의 일부를 형성한다.

　뇌세포는 결정을 내리는 작업에 가장 적합하므로 그 기관(뇌)에 위치하는 것이지, 다른 세포들이 선거한 결과 뇌세포를 두뇌에 위치하도록 한 것은 아니다. 그런데 인류에게 있어서는 불행하게도 이러한 사태가 일어나고 있다. 발에 가 있어야 할 세포가 두뇌 속에 와 있는 사태가 오늘날 우리가 직면한 제반 문제를 설명한다.

　뇌의 세포가 발의 세포보다 우월하다는 것이 아니라 서로가 상호보완 관계에 있다는 이야기이다. 발이 없는 뇌는 저 혼자 움직일 수 없으며, 또한 뇌가 없는 발은 걸어 갈 방향을 알 수 없을 것이다. 그것들은 생존을 위해 불가분의 관계에 있다. 그러므로 사고하고 반추하고 상상함에 있어 다른 자들보다 더 유능한 사람들이 사회를 지도하는 데 중용되어야 한다. 그것은 마치 인체가 몸의 관리를 위해 뇌세포들을 사용하는 것과 같다.

천재로 하여금 인류를 위해 봉사하게 하는 것, 여기에 천재정치의 의의가 있다.

원시적 민주주의 : 평균정치

"진실이 부정되는 것은 아무도 진실을 이해하지 못하기 때문이 아니다."
...간디(Gandhi)

현재 우리가 민주주의라고 부르고 있는 것은 실제로는 평균정치에 불과하다. 왜냐하면 평균적 지성을 가진 사람들의 수가 제일 많으며 따라서 그들의 결정이 선거를 좌우하기 때문이다.

매우 세련된 실험 결과로 도출된 '가우스 곡선'을 보면 알 수 있다. 실제 인구 중에서 겨우 0.5%가 극히 우수한 천재들인데, 이러한 천재들의 소리는 투표 시에 같은 0.5%를 차지하는 백치들의 소리에 의해 상쇄된다. 2%를 차지하는 우수한 사람들도 같은 2%를 차지하는 저능한 사람들에 의해서 그 소리가 상쇄된다.

평균보다 10~30% 높은 지성을 가진 사람들은 인구의 25%를 차지하고 있으나, 그들의 의견도 역시 같은 인구의 25%를 차지하며 평균보다 10~30% 낮은 지성을 가진 사람들, 즉 '평균 이하' 사람들의 의견에 의해 상쇄되어 버린다.

그 결과 나머지 45%의 사람들의 투표가 선거를 결정 짓는데, 그들은 평균적 (medicore: 이것은 평균을 의미하는 라틴어 medios에서 나왔다) 지성을 가진 사람들인 것이다. 이상이 민주주의 형태가 실제로는 평균정치에 불과한 이유이다.

〈가우스곡선 1〉

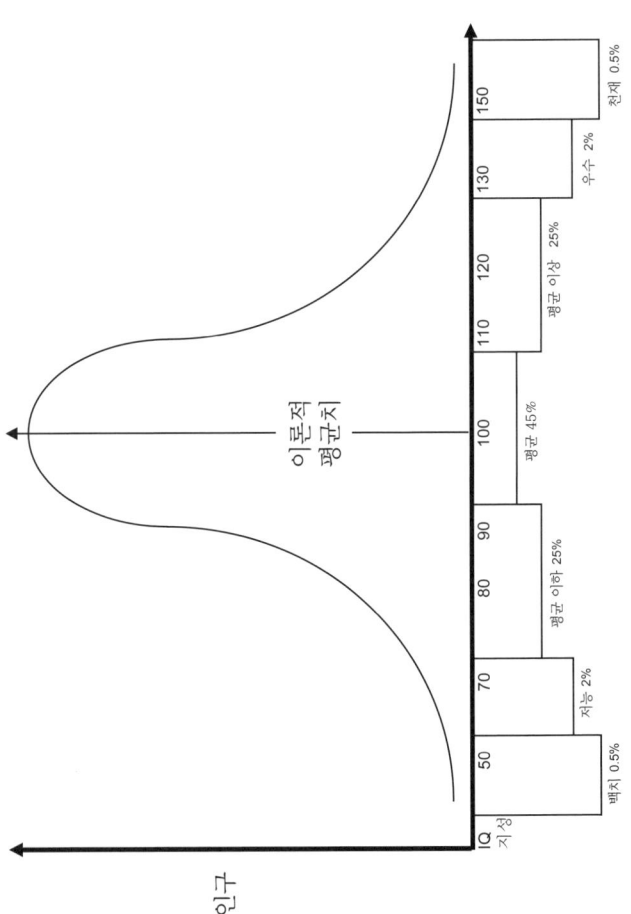

천재정치: 선택적 민주주의

"절대로 과오를 인정하지 않는 자들은 진실보다 자기 자신을 더 사랑한다."
...J.쥬베르(Joubert)

천재정치의 기본 원리는 다음과 같다. 즉 전체 인구에 대해 순수 지성을 측정하는 과학적 테스트를 실시하여 타고난 지성(졸업 증서의 수가 아니고)이 평균보다 10%이상 우수한 자들에게만 선거권을 주고, 타고난 지성이 평균보다 50%이상 우수한 자(천재)들에게만 피선거권을 부여하는 것이다.

실제로 가장 지성적인 사람들이 통치자가 되는 것보다 더 바람직한 일은 없다. 지성 테스트는 일류 대학을 졸업했다든가 많은 자격증을 가졌다고 해서 더 혜택을 주어서는 안 된다. 이것은 농민이나 노동자, 기술자들 모두에게 공정하고 편견없이 적용된다. 권력의 자리에 앉게 될 천재들은 어떤 사회계급, 인종, 성으로부터도 나올 수 있으므로 테스트 과정은 진정으로 민주적이어야 한다. 왜냐하면 이것이 바로 선택적 민주주의의 시발점이기 때문이다.

천재정치의 가우스 곡선이 보여 주듯이 이 천재정치 시스템은 천재들, 우수한 사람들, 평균이상의 사람들의 소리가 백치, 저능인, 평균이하의 사람들의 소리에 의해 상쇄되는 것을 방지한다. 그리하여 인구의 27.5%만이 선거에서 의사표시를 할 수 있게 된다.

 강조해 두고자 하는 점은 천재라고 해서 자동적으로 정부의 구성원이 될 권리가 부여되는 것이 아니라, 입후보 할 권리가 부여될 뿐이라는 것이다.   전 인구 중 상위급 지성을 가진 대표들이 천재 그룹 가운데에서 정부를 조직하는 데 가장 적합한 사람이라고 생각하는 사람들을 민주적으로 선출하게 된다.   따라서 천재정치란 민주적인 통치시스템이다.

천재정치와 파시즘

누구나가 '파시즘'에 대해서 이야기하지만 그것이 실제로 무엇을 의미하는지 아는 사람은 적다. 그러므로 그 의미를 알아보자.

"파시즘 : 일당독재"

천재정치를 파시즘과 비교해서는 안 된다. 왜냐하면 천재정치의 체제 아래서는 좌우 양쪽 어느 편에 속하는 천재도 정부의 구성원이 될 수 있고, 다양한 정치적 색채를 띤 모든 당파를 대표할 수 있기 때문이다. 이에 비해 '파시즘'은 자기 당 이외의 다른 정당의 존재를 금지하고, 자당의 멤버에 의해서만 정부를 조직하는 단일정당의 존재로서 특징 된다.

현재 '파시즘'은 중국, 소련, 칠레 등의 나라에 존재한다고 말할 수 있다. 그러한 나라에서는 단일 정당만이 합법으로 인정되고 있다.

천재정치란 통치 시스템이지 단일 정당이 아니다. 이 통치 시스템 하에서는 모든 정치적 색채가 허용된다.

〈가우스곡선 2〉

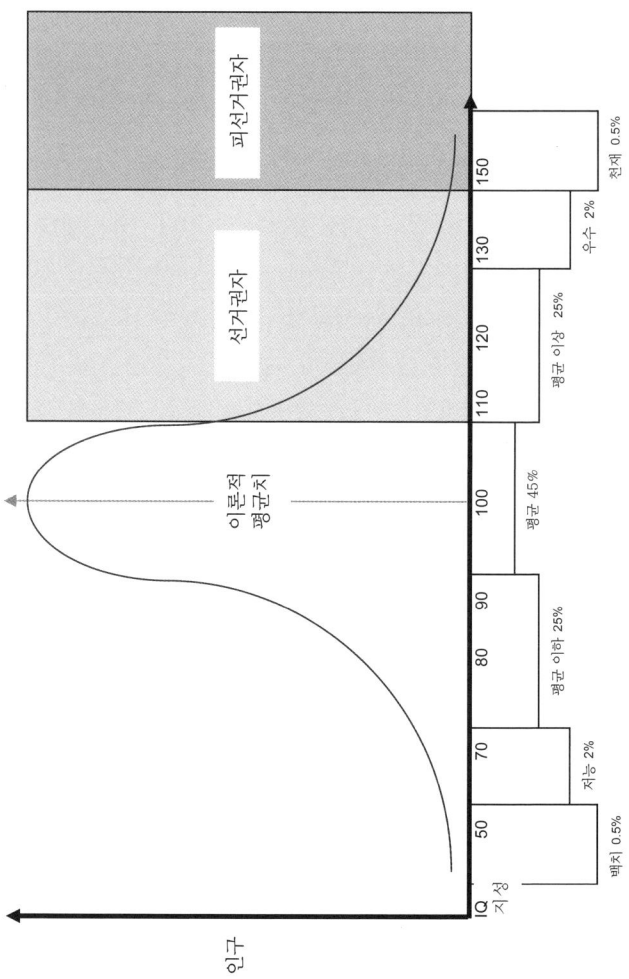

천재정치, 엘리트주의 및 귀족정치

"인간에게 논리보다 더 두려운 것은 없다.
그래서 인간은 파멸이나 죽음보다도 논리를 더 두려워한다."
...버트란드 러셀 (Bertramd Russel)

현대에는 지성이란 부끄러워해야 할 병으로 생각하는 경향이 있다. 지금까지 존재해 온(아직도 없애지 못한) 끔찍한 불의에 맞서 인류는 좀 더 평등한 사회를 건설하고자 상당히 노력해 왔다. 그러나 모든 사람들이 평등한 기회의 혜택을 받아 마음껏 자기성취를 할 수 있게 만들겠다는 우리의 소망이 이루어져 자축하게 되더라도, 완전한 평등이라는 명분 아래 천재의 의견이 백치의 의견보다 중요시 되지 않을 때 우리는 거기에 이의를 제기해야만 한다. 왜냐하면 그것은 원시적 민주주의일 뿐이기 때문이다.

삶의 성취를 위해서는 모든 사람에게 평등한 기회가 주어져야 함은 필수적이지만, 중요한 결정을 내려야 할 때 지성 수준을 고려하지 않고 평등한 투표권만 내세우는 것은 넌센스이다. 인간은 평등한 권리를 지니고 태어났으나 능력에 있어서는 평등하게 태어나지 않았다. 모두 서로 다른 능력을 갖고 태어났는데, 왜 모든 사람을 똑같이 취급하는가? 개인의 성취에 있어서 환경의 역할이 중요하다는 것은 확실하지만, 똑같은 환경하에서는 천재는 천재, 백치는 백치, 그 이상도 그 이하도 아니다.

모든 아이들은 각자의 재능을 개발하기에 최적화된 환경에서 성장할 수 있는 평등한 기회를 가져야 하며, 교육은 천재들과 특별한 재능을 지닌 아이들이 발현될 수 있도록 조정되어야만 한다.

대중의 눈높이에 맞춰 지성적인 사람들을 깍아내리기 위해, 세계의 지배자가 되려고 한다든지 지구를 파괴하고자 하는 미친 천재들의 이야기가 만들어진다. 그럼으로써 사람들은 현실의 정부들이 그렇게 하기를 원하고 있다는 사실을 깨닫지 못하게 된다. 강대국들은 세계를 지배하고 싶어서 지구 전체를 파멸시킬 수 있는 무기들을 축적하고 있는데, 이는 참으로 정부가 천재들로 구성되어 있지 않기 때문이다.

천재정치는 한 사람에 의한 독재가 아니라 지구의 모든 지역에서 나온 수백 명의 천재들에 의해 구성되는 세계기구의 창설을 의미한다.

우리는 매일 천재들의 상상력과 사색, 노고의 산물로부터 혜택을 받고 있다. 우리는 하루 종일 우수한 두뇌를 가진 사람들의 능력에 의해 발명된 물건들을 사용하고 있다. 전구로부터 텔레비전, 자동차, 자전거, 수도꼭지, 선풍기, 녹음기, 타자기, 피아노, 스테레오 채널에 이르기까지 우리의 생활을 보다 편리하고 쾌적하게 해주는 이러한 물건들은 모두가 자신의 지성을 사용하여 주어진 문제들에 대한 새로운 해결책을 발견할 수 있었던 사람들의 덕택이다.

아무리 지능이 열등한 사람들이라도 이들 물건이 어떻게 해서

작동하는지 이해하지는 못해도 보통 한두개쯤은 사용하고 있으며, 그것들을 사용함으로써 생활이 개선되었다. 그것은 당연한 일이다.

천재정치란 말하자면 이 물건의 레벨에서 일어나는 일을 통치의 레벨에도 적용하려는 것이다. 뛰어난 재능을 지닌 자들이 그들보다 못한 자들을 위해 일할 수 있게 하는 것, 이것이 바로 천재정치이다.

만일 어떤 발명품이 만들어졌을 때 그것을 사용할 것인가 안 할 것인가를 결정하기 위해 민주주의적인 투표를 통해 결정했다면, 지금 우리가 매우 많은 혜택을 입고 있는 발명품들의 거의 전부가 배척을 당했을 것이다. 그리하여 지금까지도 파리의 거리에는 마차가 달리고 있을 것이다. 자동차, 비행기, 철도가 처음 사용되기 시작했을 때 사람들의 비난을 받았다. 만약 그때 투표를 했다면 그것들은 명백히 금지되었을 것이다. 오직 천재들만이 그들의 상상력에 의해 다른 사람들보다 더 멀리 내다보고 이러한 발명품의 무한한 가능성을 예견할 수 있는 것이다.

오늘날 컴퓨터, 원자력, 혹은 유전자 연구 등에 대해서도 같은 말을 할 수 있다.

내일의 세계가 어떻게 될지 상상도 하지 못하는 자들이 어떻게 미래에 대한 결정을 내릴 수 있을 것이라고 기대하겠는가? 통치란 앞을 내다보는 것이다. 그러므로 인류는 대다수가 왜 그런 조치가 취해져야 하는지 잘 이해하지 못하더라도 앞일을 내다보고 조치의 결과를 예측할 수 있는 사람들을 통치의 자리에 앉혀야만 하는 것이다.

자기 손이 괴저병으로 썩어간다면 그 사람은 병이 몸 전체에 번져서 죽지 않도록 손을 절단하지 않으면 안된다. 이때 다른 한 쪽 손이나 발이 결정을 내릴 수는 없다. 오직 두뇌만이 앞으로 일어날 일을 예견하고 너무 늦기 전에 병에 걸린 부분을 절단하라는 지시를 내리는 것이다.

뛰어나기 보다는 평범함을 더 선호하는 이 시대에는 엘리트주의, 귀족정치, 고귀함 등의 낱말이 터부시 되고 있다. 이렇게 된 연유는 이들 언어가 본래의 의미와는 전혀 다른 의미로 쓰여져 왔기 때문이다. 엘리트주의를 논하기 전에 그 용어의 정확한 의미를 아는 것은 매우 유익한 일이다. 사전을 한번 펼쳐 보자. "엘리트(Elite) : 최상의, 혹은 가장 우수한 자" 천재정치는 가장 높은 지성을 가진 사람들, 즉 천재, 말하자면 가장 우수한 상상력을 가진 사람들을 권좌에 앉히고자 한다. 그러므로 천재정치체제는 엘리트주의체제라고 할 수 있다.

엘리트주의는 혐오스럽다고 말하는 사람도 자기 아들이 중병에 걸렸을 때는 놀랍게도 자신의 소신을 잊어 버리고 '가장 우수한' 의사에게 치료 받게 하려고 할 수 있는 모든 수단을 동원한다. 그러나 이것은 지극히 당연한 일이다.

엘리트라는 말은 오랫동안 재산상의 특권을 부여받고 그 재산의 유복함으로 평균보다 높은 지식수준을 얻고 있던 사회계급을 말하는 것으로 사용되어 왔다. 우리는 그러한 의미의 엘리트에게는 관심이 없다. 천재정치정부를 가능하게 하는 사람은 돈이나 지식의 엘리트가 아니라 '지성'의 엘리트이다.

귀족정치라는 말에도 같은 말을 할 수 있다. 다시 사전을 찾아보자.

"귀족정치(Aristcracy): 희랍어의 '우수하다'는 의미의 'aristos'와 권력을 의미하는 'kratos'에서 유래되었다. 귀족계급에 의해 행해지는 정치." 따라서 귀족정치란 우수한(excellent) 자들의 권력을 의미한다. 한 번 더 사전을 찾아보자.

"우수한(Excellent): 어떤 분야에서 뛰어나다. 완전하다."

천재정치는 우수한, 즉 뛰어나고 완전한 지성을 지닌 사람들을 권력의 자리에 앉히고자 하는 것이다. 그러므로 천재정치는 일종의 귀족정치라고 말할 수 있다. 그러나 다시 한번 확인하고 강조하는 바는 그것이 돈이나 지식의 귀족정치가 아니라 지성의 귀족정치라는 것이다. 사전은 귀족정치를 귀족계급에 의해 행해지는 통치라고 덧붙이고 있다. 그러면 '귀족'이라는 단어의 정의를 알아보자.

"고귀한(Noble): '저명하다'라는 의미의 라틴어 'nobilis'에서 유래되었다. 뛰어난 능력을 가진 사람."

천재정치는 평균보다 높은 지성이라는 장점을 가진 사람들을 권좌에 앉히고자 한다. 그러므로 실제로 귀족정치의 한 형태라고 할 수 있다. 왜냐하면 천재정치는 고귀함이 충만한 사람들을 권력의 자리에 앉히고자 하기 때문이다. 진실로 고귀함이란 재산이나 칭호가 아니고 정신의 고귀함을 말한다.

마지막으로 사전에서 원래의 의미를 찾아볼 단어가 하나 더 있는데, 그것은 '군주정치'이다. "군주정치(Monarchy): 선출되거나 세습되거나 정치권력이 부여된 국가 수장에 의한 지배체제"

그러면 우리에게 익숙한 민주주의적인 대통령제는 실제로 군주정치와 같다고 말할 수 있다. 왜냐하면 핵전쟁, 사면권 등 가장 중요한 결정들이 단 한 사람에게 달려 있기 때문이다. 거기에 비해 천재정치는 모든 결정이 단 한 사람에 달린 것이 아니라 천재들의 집단에 의해 이루어진다.

엘리트주의, 귀족정치, 고귀함, 군주정치 등과 같은 단어들은 그 원래의 의미를 되짚어 보는 것이 중요하다.

천재정치의 수립방법

> "철학자가 왕이 아닌 이상, 왕이 철학자가 아닌 이상
> 인류의 문제들이 종식될 날은 없을 것이다."
> …소크라테스(Socrates)

   천재정치를 수립하는 제1단계는 주민들 가운데 선거권을 가진 자와 피선거권을 가진 자들을 명확히 구분하는 것이다. 선거권자는 타고난 지성이 평균보다 10%이상 높은 사람들이어야 하고 피선거권자는 지성수준이 평균보다 50%이상 높아야 한다.

   이를 위해서는 각 개인의 지성수준을 정확히 측정하는 방법이 필요하다. 이를테면 전문가들(심리학자, 신경학자, 인종학자 등등)에게 이런 목적의 달성을 위한 완벽한 테스트 방법을 창안하거나 혹은 현존하는 여러 방법 중에서 선택하도록 요청해야만 한다.

   이 테스트는 교육수준이 높은 자나 낮은 자나, 노동자나 기술자나, 농민이나 학자나 누구를 막론하고 동등한 응시 기회를 부여함으로써 사회의 어떠한 계층도 불이익을 받지 않는 방식으로 고안되어야만 한다. 다시 한번 잊지 말아야 할 것은, 이 테스트이 목적이 교육이나 교양 수준이 아니라 타고난 지성 수준을 측정하는 데 있다는 점이다. 달리 비유하자면, 장기간에 걸쳐 많은 지식을 쌓아올린 사람보다 훌륭한 양식을 지닌 노인을 찾자는 것이다.

그러면 지성(Intellect)이란 무엇인가. 지성의 정의를 살펴보자.

G.비오(Viaud)에 의하면 "모든 지성적 활동은 문제를 해결하고 목표를 달성하기 위해 현재의 상황에 존재하는 제반 요소들과 그 요소들을 이용하여 필요한 것을 창안하는 것 사이의 상관관계를 이해할 수 있는 것으로 특징 지워진다."

이 정의는 우리가 관심을 갖는 지성의 형태를 가장 잘 설명하고 있으며, 또 그것은 대다수의 심리학자들이 부여한 지성의 정의와도 잘 일치한다.

즉 "지성이란 이미 알려진 정보를 개별 상황에 적합하게 이용할 수 있는 능력이다." 따라서 그 테스트에는 서로 다른 문화와 생활환경을 가진 모든 사람들이 이해할 수 있는 정보를 사용하는 것이 매우 중요하다.

그렇게 하면 이 테스트로 각 개인의 지성을 측정할 수 있게 될 것인데, 이것은 지능지수(IQ: intellectual quotient)가 아니라 잠재지성지수(IP: intellectual potential)라고 이름지을 수 있을 것이다. 이 지성지수를 결정함에 있어서는 나이를 고려하지 않는데, 나이가 몇 살이든 오직 지성만 측정할 뿐이다.

18세가 되었다고 해서 바보에게 투표권을 주고 16세 밖에 되지 않았다고 해서 천재를 투표에서 배제하는 것은 현재의 원시적 민주주의가 얼마나 부적절한지 잘 보여주는 증거이다.

전체 인구의 지성이 측정되면 그 평균을 정하는 것은 쉬운 일이다. 그리하여 평균보다 10%이상 높은 지성수준을 가진 자들에게는 선거권을 주고, 평균보다도 50%이상 높은 지성수준을 가진 자(천재)들에게는 피선거권을 주는 것이다. 그리하여 이들 선거인은 피선거인(천재) 그룹 중에서 실행가능한 가장 민주적인 방법으로 통치자를 뽑을 수 있게 된다.

국가 단위에서의 구성 비율을 알아보기 위해 프랑스를 예로 들어보자. 1977년의 경우 3천만 명의 선거인들이 있었는데 그들 중 평균보다 10% 더 우수한 지성을 지닌 사람들에게만 투표권을 주게 되면 선거인단은 3천만의 27.5%인 825만 명이 된다. 그리고 이들이 인구의 0.5%를 차지하는 15만 명의 천재 그룹(지성 수준이 평균보다 50% 더 높은 사람들) 중에서 정부를 맡을 사람들을 뽑는 것이다.

이 천재들의 말에 귀 기울일 때가 되지 않았는가?

이것을 지구상의 전체인구에 대해 적용한다면, 우리는 6억 6천만 명의 선거인들과 공식을 맡을 2천만 명의 피선거인들을 확보할 수 있다. 그들 손에 지구의 일을 맡긴다면 40억의 인류를 구하기 위해 2천만 명의 천재들이 나서는 것이다.

이 테스트는 개인의 진보를 고려할 수 있도록 전 인류를 대상으로 매 7년마다 시행될 필요가 있다. 왜냐하면 어떤 천재들은 성격상 문제로 억눌려 있다가 그 정신적 억제를 극복한 후에야 비로소 그 천재성을 드러내는 경우도 있기 때문이다.

테스트를 시행할 때마다 평균치는 변할 수 있겠지만 일반적으로 삶의 수준이 향상될수록, 과학적 발견들이 인류를 자유롭게 할수록, 그리고 대중이 더욱 더 자기성취를 이룰수록 높아질 것이다. 그러므로 오늘 천재로 측정된 사람일지라도 평균 지성수준이 그를 따라잡게 되면 내일은 단순한 선거인으로 분류될 수도 있을 것이다.

미성년자들은 성년에 도달한 직후 테스트를 받고, 그후 다른 사람들과 같이 매 7년마다 다시 테스트를 받는다. 18세에 받은 테스트에서 평균보다 10% 높은 그룹에 들지 못하여 선거인 자격을 받지 못한 사람들은 자신이 가진 정신적 억제를 해결했을 경우 7년 후의 테스트에서는 선거인 그룹에 들 수도 있을 것이다.

같은 논리로 74세에 선거인이 될 수 있었던 사람이 노화로 인해 지적 능력이 저하된다면 7년 후 81세 때에는 선거권을 잃게 된다. 오늘날 많은 노인들이 너무나 노쇠하여 투표소까지 남의 등에 업혀 가는 모습을 보는 것만큼 더 한심한 일이 있겠는가? 이것 또한 원시적 민주주의의 어리석음을 나타내는 것 중의 하나이다.

동일한 원칙이 피선거인들에게도 적용된다. 노화나 사고에 의해 그 지성이 평균보다 50% 이상이라는 기준 아래로 떨어질 때는 피선거권은 상실된다.

〈지역천재회의의 형성 과정〉

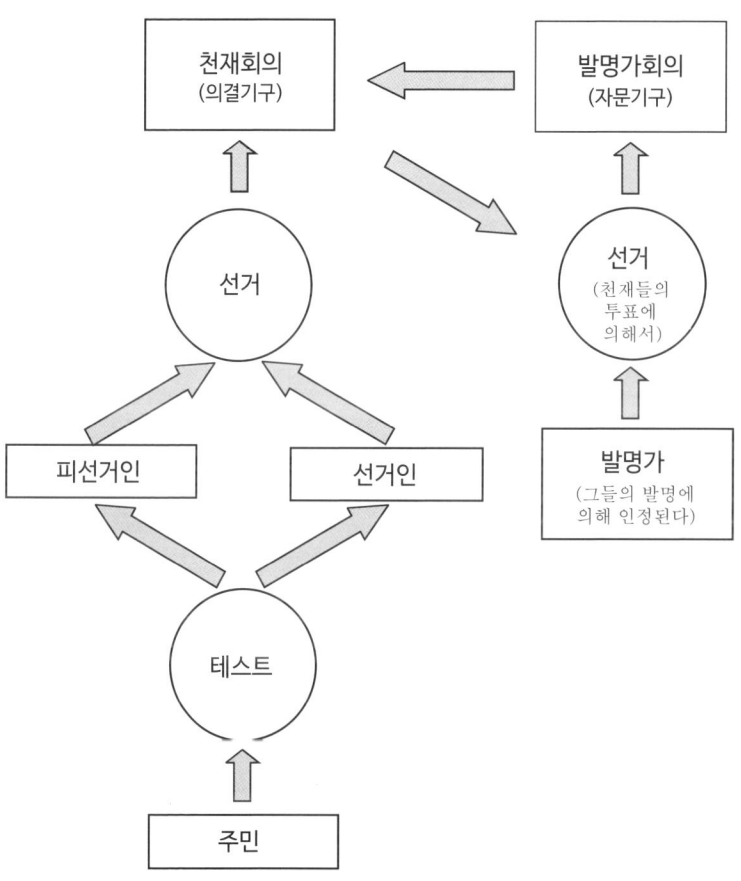

천재정치의 원리 39

천재정치의 기본 목표

가. 가장 지성적인 사람들에 의해 천재들 가운데서 선출된 사람들로 구성된 단일의 세계정부를 수립함으로써, 지구를 인종, 종교, 문화 또는 지성의 정도에 따른 차별 없이, 모든 사람에게 개화와 행복의 세계가 되게 한다.

나. 이러한 목표 달성을 위해 모든 수단을 활용한다.

다. 개인이나 집단에 의한 폭력을 철폐한다.

라. 일할 권리를 개화할 권리로 대체한다.

마. 지도자들의 지성 결여로 인해 초래되는 자기파멸의 위기로부터 인류를 구한다.

이상이 천재정치의 5가지 기본 목표들이며, 이제 이 책에서 하나씩 검토해 보겠다.

세계천재정치정부의 수립

통치란 앞을 내다보는 일이다. 미래를 조금도 내다보지 못하는 통치자는 통치할 자격이 없는 것이다. 그러므로 앞을 내다 볼 수 있는 사람들, 즉 천재들에 의해 구성된 단일의 세계정부를 시급히 수립할 필요가 있다.

시대를 거슬러 올라가 보면 역대의 왕들은 그 시대의 천재들을 자신의 치세와 혈통을 보존하기 위한 목적으로 이용해 왔음을 알 수 있다. 위대한 화가, 건축가, 조각가 그리고 음악가까지도 그 당시의 군주를 칭송하는 데 고용되었다. 그들은 '국영'예술가들이었다. 이런 일은 아직도 계속되고 있으며, 특히 동유럽제국에 존속하고 있다. 아니 세계 곳곳에 남아 있다고 해도 과언이 아닌데, 지금은 그것이 더 이상 예술가들에 그치지 않고 국가로 하여금 문화적 우월성 이상의 포부를 갖게 해주는 사람들, 즉 과학자들에게도 미치고 있다.

예컨대 과학자가 순수한 연구활동을 하고 싶다면 선택의 여지없이 국영 연구소에 들어가야 하며, 그렇지 않다면 단순한 영리기업에서 틀에 박힌 업무에 종사할 수밖에 없는 것이 현실이다.

분명히 국영 연구소의 과학자들은 자신이 원하는 연구를 수행할 자유가 없고 오로지 그들에게 부과된 연구 프로그램을 따르지 않으면 안 된다. 그리고 그런 프로그램이라는 것들도 대부분 순전히 정치적, 군사적 목적으로 즉시 이용할 수 있도록 짜여져 있다.

이런 현실은 "천재들이 평균적 인간들의 지시에 따르지 않으면 안 된다"는 역설을 낳게 된다.

천재정치가 추구하는 바는, 천재들에게 자신이 원하는 방향을 스스로 결정하게 하고 또 그것을 실현시킬 수 있는 모든 수단을 갖도록 허용하는 것이다. 한 시대를 만드는 사람들, 그들은 천재들이다. 사람들은 퀴리부부나 아인슈타인을 기억하는 일은 있어도, 그들이 견뎌야 했던 잘못된 결정들을 내린 어리석은 통치자들을 생각하는 일은 없다. 천재들과 통치자들, 두 그룹 중에서 누가 인류의 삶을 향상시키는 데 기여했는지는 명백하다.

천재들이 사람들의 삶을 개선하기 위해 노력하는 반면, 정치가들은 그들 자신의 이권을 위해 공약을 한다. 누가 더 통치할 자격이 있는가?

세계가 평균보다 지성이 높은 사람들에 의해 통치되기를 희망하는 것이 당연하지 않을까?

나는 내가 평균보다 지성이 높은지 낮은지 모른다. 그러나 나는 나보다 지성이 더 높은 사람들에 의해 통치되기를 원한다.

오늘날 우리를 통치하고 있는 자들은 우리보다 훨씬 혜택 받은 환경에서 성장하고, 일류학교를 나오고, 또 막대한 금전과 풍부한 인맥을 갖고 있음을 알고 있다. 그러나 이런 것들이 우리가 그들을 지도자로 선출할 적절한 기준이라고 할 수 없다! 왜냐하면 휴대용 컴퓨터와 정보기술 시대에 있어서는 학식이나 지식의 축적이 이미 아무 의미도 없기 때문이다.

새로운 시대의 사람들은 많은 지식을 꼭 알아야 할 필요가 없으며, 그 대신 사물을 이해하는 데 필요한 컴퓨터 정보를 느끼고 분석하고 종합하고 또 신속하게 선택하는 능력을 갖추어야 한다. 그리하여 인간은 기억의 구속에서 해방되는 것이다. 실제로 새로운 시대의 인간은 과학, 특히 정보기술의 발달에 의해 어린이 같은 순수성으로 되돌아갈 수 있게 될 것이다. 누구나 자신의 진로를 선택할 수 있고 필요한 지식은 어디에서나 이용가능한 기계에 저장된 것을 제공받을 수 있으므로 주요원리만 알고 있으면 되는 것이다.

두뇌를 세세한 정보의 잡동사니로 채우는 대신 수많은 기계들에서 언제든지 이런 정보들에 접근할 수 있기 때문에 인간은 말 그대로 기억에서 해방되어 결정을 내릴 때는 전체적인 그림만 알면 된다.

순수한 지성에 길을 열어주자!

정부들이 천재들에게 그들이 마땅히 가져야 할 권력을 주지 않으므로 천재들은 스스로 행동에 나서야 하며, 그것도 세계적인 규모로 추진해야 한다.

어떻게 하는 것이 좋은가? 우선 중립국에 '임시 세계 천재정치정부'를 수립하는 것이다. 이것은 자신들의 연구 성과가 군인이나 정치가들의 손에 들어가는 것을 거부하는 과학자들에 의해 구성되는 정부이다. 장기적으로 과학자들은 천재정치정부의 수립에 동조하는 사람들의 투자를 받아 연구 센터를 설립할 수 있을 것이다. 그리고 그 센터는 관련자들의 동의하에 그곳에서 일하는 과학자들이 만든 평화적 발명품들을 상품화함으로써 운영될 수 있을 것이다.

이 세계천재정치정부는 과학자들의 연구 성과들을 최초 5년간 공표하지 않고 독립된 옵저버 팀에게만 보여줄 수 있을 것이다. 이런 방식으로, 만약 천재들이 실제로 권력을 잡는다면 현재의 '평균적' 통치자들이 저지르는 모든 실수들을 어떻게 피할 수 있는지 세상에 증명할 수 있을 것이다. 이는 또한 평균적 통치자들이 천재정치정부의 아이디어를 훔쳐 모든 공로를 차지하는 것을 방지하기 위함이기도 하다.

이렇게 현재의 평균적 통치자들의 잘못들이 부각되면 그들의 신뢰도는 떨어지게 되고, 사람들로 하여금 다음 선거에서는 천재정치당의 출마자들에게 표를 던지도록 용기를 줄 것이다.

이러한 활동을 통해 임시 세계천재정치정부는 세계 각국에 천재정치운동의 창설을 촉진할 수 있게 된다. 중요한 것은 천재정치를 강요하는 것이 아니라 천재정치라는 이 선택적 민주주의를 실현하기 위해 원시적 민주주의를 폐지할 필요성을 민주적으로 인식시키는 것이다.

　분명한 사실은, 어느 나라의 국민이 세계천재정치정부를 지지하는 정당을 민주적으로 선택했을 때, 세계천재정치정부가 자동적으로 그 나라를 통치하게 된다. 그리고 더 많은 나라들이 천재정치를 선택할수록 세계천재정치정부의 회원국 좌석들은 점점 채워질 것이고, 이 과정은 적어도 인류의 절반이 세계천재정치정부를 선택할 때까지 계속될 것이다. 그러면 나머지 나라들도 주민들의 민주적 결정을 따르지 않을 수 없게 될 것이고, 마침내 지구 인류는 통일될 것이다. 이 통일의 실현에 공헌한 모든 사람들은 인류에 의해 그 업적을 영원히 인정받게 될 것이다.

　그러한 사람들이란 바로 당신을 가리킨다. 이 책을 읽고 있는 당신은 지성과 우애의 선구자가 될 기회를 갖고 있다. 당신은 이제 인류 역사의 관객이 되는 데 만족하지 않고 지구라는 대 무대 위의 주인공이 되기로 결심할 수 있다. 실제로는, 이 무대에서는 바라거나 바라지 않거나 관객 또한 배우이다. 비록 관객으로 만족하고 있더라도, 자신의 역할이 무엇인지 자각하지 못할 뿐 실제로 우리는 모두 연기자인 것이다. 이제 이 사실을 자각해야만 한다.

천재정치와 합의제

 천재를 거론하면, 마치 지성이 위험한 질병이라도 되는 것처럼, 몇몇은 언제나 지구를 지배하려는 미치광이 천재 이야기를 화제에 올린다. 한 사람이 단독으로 세계를 통치할 수 없게 되어 있는 천재정치 시스템 하에서는 그런 일이 불가능하다. 왜냐하면 천재정치정부는 수백명의 천재들의 합의체에 의해 운영되기 때문이다.

 이러한 합의제는 각종 결정이 한 사람에 의해 좌우되는 것을 방지한다. 그런 점에서 천재정치는 오늘날의 대통령제와는 완전히 다른데, 불행히도 대통령제에서는 사면권이나 핵전쟁개시권 등 극히 중요한 문제들의 결정권을 대통령 한 사람이 갖고 있다. 천재적인 점이라고는 전혀 없는 한 인간의 두뇌가 현재 소위 민주주의 체제하에 있는 국가에서 한 인간의 생명, 또는 더욱 중요한 몇 백만의 무고한 국민의 생사를 결정하며, 나아가서는 인류 전체의 파멸까지도 좌우할 수 있는 것이다. 이것 역시 원시적 민주주의에 내재해 있는 어리석음을 보여주는 또 하나의 증거이다.

 원시적 민주주의의 귀결인 현행의 대통령제는 기묘하게도 과거에 대체되었던 군주제를 점점 닮아 가고 있다. 대통령은 그에게 주어진 권한과 자신의 의지로 아무런 변명을 내세울 필요 없이 한 인간을 죽음의 운명 앞에 세우거나 핵전쟁을 촉발할 수 있다고 해도 과언이 아니다. 이것이 과거의 군주제와 무엇이 다른가! 천재정치 아래서는 합의제 때문에 그런 일은 전혀 불가능하다. 분명히 세계정부에 속한 천재회의 의장은 있겠지만, 그러나 그는 독단적으로 어떤 결정도 할 수 없다. 그가 할 수 있는 일은 기껏해야 회의를 주재하고 투표 결과를 알리는 데에 불과하다. 그러나 의장의 지위는 특별히 명예스러운 자리로서, 개회식 등 공식행사에서 천재회의의 대표자가 된다.

천재회의의 구성원들은 서로 다른 입장에서 서로 다른 관점으로 다양한 의견을 제시할 수 있음을 명심해야 한다. 그러므로 서로 다른 갖가지 의견들이 모두 발표된 후에 안건에 대한 투표가 시행되어야 할 것이다. 하지만 오늘날 수많은 국가의 의회에서 종종 목격되는 것처럼, 자신의 의견을 큰 소리로 외치거나 그럴싸한 논리로 본질을 왜곡하는 구두 발표로 서로에게 영향을 주려 하기보다는 발표자들이 자신의 의견을 서면으로 제출하는 것이 더 좋을 것이다. 그렇게 함으로써 구성원들은 겉이 아닌 내용을 보고 판단할 수 있다. 실제로, 의견들이 익명의 서면으로 제출되면 각 천재들은 제반문제를 스스로 판단할 수 있고, 따라서 의견 제출자의 이름에 마음이 흔들리거나 좌파 또는 우파 캠프의 지시에 휘둘릴 일 없이 순수하게 당해 주제의 이점에만 집중할 수 있게 된다. 투표 자체는 키보드를 통한 전자투표로 행해져 완전한 비밀이 보장될 것이므로, 거수투표에서 나타나는 '다른 사람들의 눈치보기' 폐단이 방지될 수 있다. 천재회의에서는 각 멤버들이 서로 독립된 부스에 앉아 다른 멤버들의 반응에 영향 받지 않고 투표하는 방법도 가능할 것이다. 이러한 수단 전부가 당사자들, 즉 천재들 자신에 의해서 연구되어 제도를 개선할 수 있는 많은 방법들이 발견될 것임에 틀림없다.

그런데 천재는 과학자들 중에만 있는 것이 아니라는 점을 특히 강조해 두고 싶다. 대부분의 사람들은 '천재'라는 단어를 '미친 과학자'라는 상투적인 이야기에 연관 짓지만, 많은 천재들이 철학자, 화가, 시인, 음악가, 심지어는 농부들에서도 발견된다. 그러므로 '세계천재정치정부'에 속한 천재들에는 과학자뿐만 아니라 철학자, 화가, 시인, 음악가 및 농부들도 포함되어 있는 것이다.

과학과 예술의 간격, 자연과학과 인문과학의 간격, 과학과 의식의 간격에 다리를 놓아 서로 연결하는 데 천재정치의 참 의의가 있다. 오늘날의 대부분 문제들은 놀라운 과학기술의 발전이 정체되어 버린 의식 때문에 오용되고 있는 데 그 원인이 있다. 과학이 비교적 대중에게 보급되어 있는데 비해 의식의 발전은 소수의 철학자들에 그치고 있다. 이것은 우리가 어제의 의식을 가지고 내일의 과학기술을 사용하는 것과 같다. 천재정치는 사람들의 의식을 적어도 과학기술과 대등한 수준까지 향상시키기 위해 노력하는 것이다. 실제로, 고든 라트레이 테일러(Gordon Rattray Taylor)는 그의 멋진 저서 '생물학의 혁명'에서 동일한 결론에 도달했는데, 그는 과학이 오늘날 실현했고 장차 실현할 업적들을 전부 검토한 후 다음 문장으로 끝맺었다. "우리는 모두 지혜의 책을 읽어야 한다."

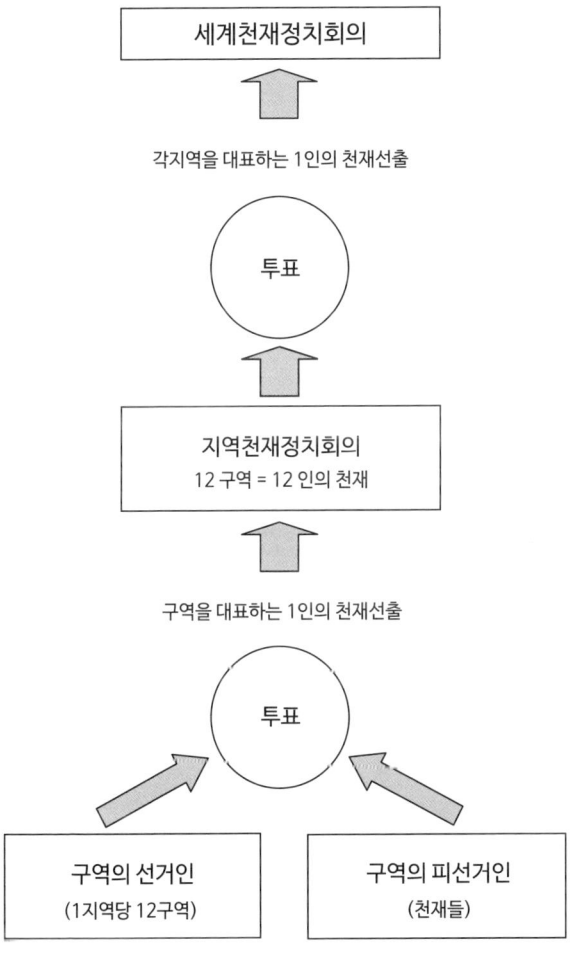

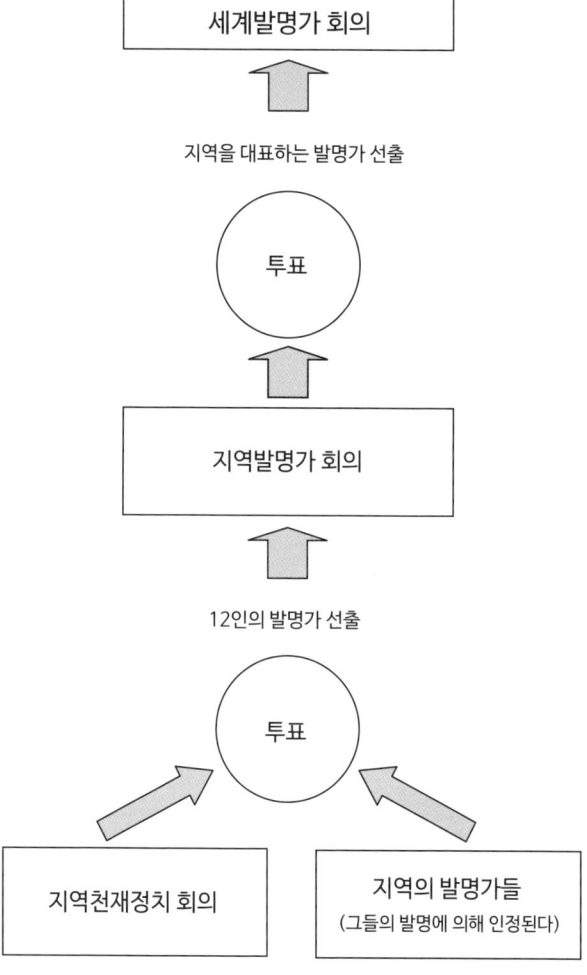

세계천재정치정부의 구성

'세계천재정치정부'는 지금까지 보아 온 바와 같이 우수한 지성을 가진 사람들에 의해 구성되지 않으면 안 되지만, 이런 지성 유형은 실천적이고 체계적이며 문제해결 능력을 갖춘 것이어서 모든 사안들을 종합적으로 연결할 수 있어야 한다는 것이 중요하다.

그런데 테스트로는 잘 찾아낼 수 없는 천재의 한 타입이 있는데, 그것은 발명가형 천재이다. 이 발명가 타입은 인류의 진보에 큰 공헌을 할 잠재력을 지니고 있다. 따라서 이 유형의 천재들이 세계정부에 공헌할 수 있도록 조치하는 제도를 수립하지 않으면 안 된다.

발명가형 천재들은 예술, 과학, 철학 등 어떤 분야에서든 나타날 수 있으며, 지역천재회의가 그들의 작품, 발견 또는 발명품들을 기준으로 발명가형 천재들의 명단을 제안한다. 그리고 세계천재회의가 이들 중에서 적정한 인원을 선출하여 발명가회의를 설치하는 것이다. 이 발명가회의는 결정권한을 갖지는 않지만 제반문제들을 고찰하고 해결책을 제시하거나 인류가 처한 상황을 개선할 수 있는 프로젝트를 제시할 수 있을 것이다. 이러한 창조적 해결책이나 프로젝트는 천재회의에 제출되어 어떤 제안을 채택하고 추진할지 민주적으로 결정될 것이다.

지역천재정치의 구현

인류의 장래를 검토하는 데 적합한 유일한 방법은 문제를 세계적 규모로 고찰하는 일이다.

유사이래 인간이 소속되는 집단은 부족, 촌락, 주, 나아가 국가로 변해왔다. 그러나 지구의 오염이나 핵무기의 확산이라는 문제에 직면하여 지성적인 사람들은 이러한 문제들의 해결을 위해서는 '세계정부'를 수립하는 길밖에 없다는 것을 일찍이 자각했다.

이 구상은 처음부터 정치가들로부터 비현실적이라고 치부되었다. 왜냐하면 그들은 이것이 실현될 경우 자기들의 지위를 잃게 될 것을 알고 있기 때문이다. 과분한 보수를 받고 있는 군인들에게 있어서도 똑같다. 그들도 직업을 잃게 될 것을 두려워한다. 그들은 국경이 없어지게 될 경우 적어도 현재와 같은 의미에서의 군대는 필요 없게 되리라는 것을 매우 잘 알고 있다. 나중에 다시 거론하겠지만, 실제로 군인들을 고용하는 방법이 있긴 하다. 하지만 전격특공작전의 유혹에 빠져 있는 자들에게는 안 된 일이지만, 그때가 되면 무기는 필요 없어질 것이다.

유토피아를 실현하고자 하는 천재들의 현실적 구상을 비난하는 자들은 언제나 평균적 지성을 가진 사람들이다. 왜냐하면 그들은 단순히 천재들만큼 앞날을 내다보지 못하기 때문이다. 비현실적인 구상이란 없다. 다만 그러한 구상이 어떻게 실현 가능한지 이해할 수 없는 자들이 있을 뿐이다.

세계천재정치정부는 지구상의 모든 지역을 대표하는 천재들로 구성될 것이다. 이들 '지역'은 민주적으로 그 경계를 정해야 한다. 왜냐하면 오늘날의 대부분 국경선들은 가진 자들이 더 많은 부를 차지하기 위해 저지른 살인적인 침략의 결과물이기 때문이다. 이는 식민주의 시대의 것이다.

프랑스와 스페인 국경의 양쪽에 사는 바스크 족들은 그들 자신의 국가를 만들고 싶어 할 것이다. 이것은 그들의 문제이고 또 그들만의 문제이다. 그들이 독립하느냐 또는 다른 국가의 일부로 남느냐 결정하는 것은 그들에게 달려 있다. 바스크 족에 적용되는 원칙은 전세계 수많은 다른 민족들에게도 적용된다. 그들은 특정한 지역에 살고 있고, 크게 보면 인류의 일부이지만 그들 자신만의 독립된 정부를 갖고 싶어 한다.

프랑스 영토 내에 존재하는 몇몇 민족을 들자면 코르시카 인, 브레따뉴 인, 오크스 인 및 알사스 인들이 있는데, 이들이 사는 각 지역이 민주적으로 각 민족의 정부를 만드는 것이다. 그러므로 우선 각 마을의 주민들은 자신들이 속하기를 원하는 지역을 결정하기 위한 투표를 민주적으로 실시해야 한다. 그렇게 하면 각 지역의 경계가 국가주의적인 사고와 무관하게 결정될 수 있다.

나아가 이와 같은 투표는 주민들이 희망할 때마다 반복될 수 있을 것인데, 왜냐하면 국경에 인접한 마을의 경우 주민들의 동향에 따라 소속 지역을 바꾸고 싶어할 수도 있기 때문이다.

일단 주민들의 투표로 지역들의 경계가 지리적으로 결정되면 각 지역은 똑같은 수의 주민으로 구성되는 12개의 구역으로 나뉘어진다. 그래서 각 구역은 그곳에 속하는 천재들 중 한 사람의 대표자를 선출한다. 이렇게 해서 선출된 12인의 천재들이 '지역천재정치회의'를 구성한다.

다음으로 이 지역회의는 의장을 선출하는데, 그는 '세계천재정치정부'에서 자기 지역회의의 대표가 되는 것이다.

지역 천재정치회의는 또한 자기 지역의 발명가들 중에서 12인의 발명가를 선출하여 발명가회의를 구성하게 한다. 이 '지역발명가회의'의 기능은 지역천재정치회의가 투표로 결정할 수 있도록 그 지역을 위한 창조적인 프로젝트를 제안하는 것이다.

이와같이 '세계천재정치정부'는 민주적으로 경계가 설정된 지구상 전 지역들을 대표하는 천재들로 구성된다. 각 지역의 대표자가 갖는 투표권의 경중은 각자의 지역에 살고 있는 주민 수에 비례한다.

예를 들면, 백만의 주민이 사는 지역을 대표하는 천재는 투표 계수 1을 갖고, 5천만의 주민이 사는 지역을 대표하는 천재는 투표 계수 50을 갖는 것이다. 이런 까닭으로 '세계천재정치정부'에서의 투표는 UN에서 행하는 투표와는 달리 진정한 의미에서 민주주의적이다. 어떻게 인구 수가 겨우 10만인 카타르 같은 나라의 대표가 갖는 투표권이 인구 수가 2억 이상인 미국 대표자의 투표권과 똑같은 크기를 가질 수 있단 말인가! 그런데 이와 같은 일이 UN에서는 일어나고 있다.

어쨋든, 지구상에는 최소한 700개 지역의 경계를 민주적으로 결정할 수 있을 것인데, 그러면 세계천재정치정부는 모든 민족과 문화와 종교로부터 온 700인의 천재들로 구성되는 것이다. 이것은 한 사람의 미친 천재가 지구를 날려버리려고 한다는 이야기와는 전혀 다르다!

제2장

지구를
개화와 행복의 세계로
만들기 위한 제안

경고

우리는 앞 장에서 천재정치의 기본원칙을 살펴보았다. 평균보다 뛰어난 지성을 가진 사람들만이 선거권을 갖고, 천재들만이 피선거권을 가져야 한다는 것이 그 기본원칙이다. 천재정치정부의 구조와 조직을 포함한 천재정치의 구현 방법은 당사자, 즉 천재들 자신에 의해 결정되는 편이 가장 좋다는 것은 명백하다.

이 책은 단지 폭발물의 퓨즈에 스파크를 일으키기 위해, 말하자면 평균보다 뛰어난 능력을 지닌 자들이 책임을 맡고 개선해나가야 할 과정에 촉매 역할을 하게 할 목적으로 쓰여졌다.

천재들에게 어떤 결정을 내려야 한다든가 어떻게 세계를 통치해야 한다든가 조언하는 것은 참으로 외람된 행동일 것이다. 그것은 오로지 그들에게 달린 문제이기 때문이다.

그러므로 앞서 언급한 '세계천재정치정부'를 조직하는 방법은 그저 하나의 가능한 예일 뿐이고, 반드시 이렇게 되어야 한다는 의미로 말한 것은 아니다. 수백 명의 천재 그룹이 함께 연구하여 우리 세계를 위해 더욱 적합한 해결책을 찾아내지 못한다면 그야말로 놀랄 일일 것이다.

실제로 이 책의 목표를 정확히 표현하자면 "천재들이 단결하여 마침내 지성이 우리 행성을 통치할 수 있도록 자극하기 위함"

이다.

앞으로 서술하겠지만, 우리는 제3의 천년기, 즉 현재 권력을 쥐고 있는 천치들이 우리가 그 시대에 채 들어가기도 전에 모든 것을 날려버리지 않는다면 들어서게 될 황금시대의 새벽에 즈음하여 인류가 직면하고 있는 중요 문제들에 관심을 돌려야 한다. 이러한 문제들에 대한 가능한 해결책들 또한 이 책에서 제시될 것이다.

그러나 다시 한번 말하지만, 천재 그룹이 더욱 효과적인 답을 찾아낼 수 있을 것이다. 우리 행성이 돌이킬 수 없는 파멸의 길로 들어서기 전에, 천재들로 하여금 뭉치게 하여 그들의 집단 지성으로부터 구원의 빛이 솟구쳐 나오게 하자.

자신이 바라지 않는 일을 하고 있는 노동자에게

인간은 강제노동을 하도록 태어나지 않았다. 그럼에도 불구하고 여러분은 누구나 60세나 65세가 되어야 겨우 방면되는 종신강제노동을 선고받고 있는 것과 같다. 노동조합, 그리고 노동자 자신의 목표는 무엇인가? 그것은 노동시간의 단축이다. 하지만 얼만큼 단축되어야 하는가? 자유를 바라는 인간에게 받아들여질 수 있는 하루의 강제노동시간은 어느 정도인가?

한 세기 전에는 사람들은 자고 먹는 시간을 빼고는 종일 일해야 되는 것으로 알고 살았다. 하루 14시간, 1주일에 6일, 1년에 12달, 노동자들은 8, 9세 때부터 죽을 때까지 혹사당했다. 그것이 하루 10시간, 다시 주 5일에 하루 8시간으로, 거기에 1주일의 연차휴가가 붙게 되고, 연차휴가는 다시 2주, 3주가 되었고, 마침내 4주까지 된 것이다.

아무 것도 하지 않고 충분히 생활할 수 있는 정년은 65세였다가 60세로 되었고, 지금 어떤 직업에서는 55세로 허용되기도 한다.

요즘은 근무시간 자율선택제가 점점 늘고 있어서 사람들이 자신의 강제노동 시간을 관리하는 것이 가능하게 되었다.

즉 주 40시간을 맞추는 한, 일할 날짜와 시간을 선택할 수 있는 것이다. 예를 들면 하루 8시간씩 5일 일하거나, 하루 10시간씩 4일 일하거나, 새벽에 일하거나, 야간에 일하거나, 자율적으로 선택할 수 있다.

그러면 현재의 트렌드는 어떠하고, 가까운 장래에는 어떻게 변할까? 몇몇 회사들은 이미 하루 7시간 혹은 6시간 등 8시간 이하의 근무조건으로 사람들을 고용하고 있고, 또 주 5일 대신 주 4일 근무를 채택하고 있다.

파리 시민들의 통상 하루 출퇴근에 소요되는 2시간을 8시간의 근무시간에 포함시켜주는 회사들도 있는데, 이렇게 하면 실 근무시간은 6시간으로 줄어들게 된다.

많은 회사들은 이미 연 5주의 유급휴가를 제공하고 있으며, 이것을 연 6주까지 늘리는 회사들도 점점 늘고 있다. 회사들은 이제 높은 급료보다는 '삶의 질'을 중시하여 보다 유연하고 짧은 근무시간을 내걸며 사원들을 모집하고 있다.

고용되거나 혹은 독립적으로 일하는 많은 전문직들은 이제 의사나 변호사들과 같은 자유전문직들이 팀을 이루어 환자와 고객들을 공유하는 것과 비슷하게, 공동작업팀을 만들어 '직무분담'을 하고 있다.

그러면 기술자나 고도로 숙련된 전문직들은 보수를 덜 받는 대신 하루 4시간만 일하거나 격주 근무를 할 수도 있고, 보수를 반만 받는 대신 5개월 반 동안 근무하고 교대로 6개월 반의 유급휴가를 갈 수도 있을 것이다. 이 유급휴가 기간동안 그들은 무슨 종류의 활동에든 전념할 수 있고, 혹은 연구, 집필, 공부, 자기개발, 여행 등등 자신에게 '강제된' 것이 아닌 일을 할 수도 있고, 혹은 자기개화를 위해 노력할 수도 있을 것이다.

점점 더 많은 젊은 관리직들은 월 6천에서 8천 프랑 대신 월 3천에서 4천 프랑의 급료를 선택한다. 그러면 좀 덜 사치스럽게 살더라도 1년에 6개월 동안 자기가 좋아하는 것을 할 수 있는 것이다. 특히 오늘날에는 남자나 여자나 모두 직업을 갖고 있으므로, 커플이 함께 살기를 원할 경우 각자 급료의 반씩만 벌어도 합하면 한 사람 몫이 되니까 1년에 6개월의 유급휴가를 얻는 것과 같게 된다.

정년퇴직에 대해서도 같은 말을 할 수 있다. 많은 사람들이 연금을 좀 덜 받게 되더라도 죽기 전에 더 많은 자유 시간을 즐기기 위해, 보다 일찍 일을 그만 두고 '조기퇴직'을 선택한다. 물론 언제나 예외는 있기 마련인데, 길들여지고 개성을 상실해버린 일중독자들은 자유시간을 갖게 되면 뭘 해야할지 전혀 생각이 없다.

불행하게도 그들로서는 일하지 않는 삶을 더 이상 생각할 수 없으며, 자신의 직업 외에는 다른 어떤 분야에서도 자기 성취를 이룰 수 없게 된 것이다. 이것은 왜 교육이 시대의 요구에 따라 그 궤도가 수정되어야 하는지 또 학교는 복종적인 직업인들만 양성할 것이 아니라 사람들이 스스로 선택하고 개화할 수 있는 능력을 갖출 수 있도록 이끌어야 하는지를 잘 보여준다. 이제부터의 교육은 점차 인간을 노동으로 향하게 하는 것이 아니고 자기개화로 향하게 하는 것이 될 것이다.

장차 어떻게 될까? 누구나 이미 목격하고 있듯이, 노동시간은 하루 6시간, 5시간, 4시간, 3시간....이렇게 점점 짧아질 것이다. 반대로 휴가는 길어질 것이다. 여름휴가 1개월 반, 겨울휴가 15일, 부활절휴가 15일에서 여름휴가 2개월, 겨울휴가 1개월, 부활절휴가 1개월로 되어 1년에 총 4개월의 휴가를 얻게 될 것이다. 직무분담이 보다 보편화 됨에 따라 근무시간은 더욱 줄어들어 직무분담 참여자들은 연 8개월의 휴가도 가능할 것이다. 그리고 퇴직 나이도 50세, 44세, 40세....이렇게 점점 빨라질 것이다.

당신은 아마도 "그러면 사람들은 자기 시간에 무엇을 할까?" 라고 물을지 모르겠다. 이 질문은 바로 당신이 받은 교육이 당신을 오염시켰고 또 당신 스스로 자신을 종신 강제노동형에 처하도록 길들였음을 증명한다.

두 가지 유형의 사람들이 있게 될 것이다. 하나는 재능을 타고난 사람들로서 여가시간이나 퇴직후에 특수한 분야에서 기쁨을 추구하며 일함으로써 자기개화를 이루는 사람들이고, 다른 하나는 전면적인 여가 사회가 제공하는 개인별 맞춤형의 모든 문화 및 스포츠 활동을 즐기며 사는 사람들이다. 모든 사람의 자유시간이 늘어남에 따라 평생 지속되는 휴가를 사람들이 계속 즐길 수 있으려면 작가, 화가, 시인, 연예인 등 모든 종류의 예술가들에 대한 수요가 증가할 것이다. 한 쪽에는 창작자들이 있고 다른 쪽에는 소비자들이 있지만, 자신의 선택과 취향에 따라 언제든지 자유롭게 역할을 바꿀 수 있을 것이다.

어느 정도의 기간이 지나면 (가능한 한 빨리) 노동시간은 점점 단축되고 정년은 점점 빨라져서 마침내는 의무적 노동, 즉 강제적 노동은 완전히 폐지될 것이다. 일을 즐기기 때문에 일하기를 선택한 사람들만이 일하게 될 것이므로 노동은 '자발적'이 된다. 그때가 되면 '세계인권선언' 첫 줄에는 "모든 인간은 태어나서부터 죽을 때까지 안락하게 살 수 있는 수단들을 향유할 무조건적인 권리를 갖는다"라고 쓰여질 것이다.

당신은 "그럼 누가 모든 필수적인 일들을 맡아 할 것인가?"라고 물을지 모르겠다. 그 대답은 "기계가 한다!"이다. 대부분의 사람들은 로봇이 이미 얼마나 인간의 노동을 지원하기 시작했는지 모르고 있다. 우리가 '이미' 하루 8시간만 일하고 있는 것은 기계의 덕분이다. 기계가 없다면 우리는 50년 전과 똑같이 하루 10시간을 일하지 않으면 안 될 것이다.

예를 들면, 피아트사는 차 한 대를 만드는 데 20년 전에는 100명의 노동자가 필요했지만 로봇 덕분에 단 한 사람으로 충분하다. 그렇다. 단 한 사람이다. 피아트 사의 신축 공장은 완전 자동화 되어 있는데, 모든 로봇들은 단 한 사람의 기술자가 통제실에서 조작하는 단 한 대의 중앙컴퓨터에 의해 통제되고 있다. 그리고 이

기술자 한 사람마저도 가까운 장래에 더욱 정교한 컴퓨터 한 대에 의해 대체될 것이다. 농업에 있어서도 똑같은 것을 말할 수 있다. 예를 들면, 캘리포니아에서는 일부 농부들이 포도원의 온도를 최적 상태로 유지해주고 물도 주고 비료도 주는 시스템을 설치했는데, 이 모든 것은 1대의 중앙컴퓨터에 의해 자동적으로 작동된다.

그러나 명백히 이와 같은 시스템은 자본주의 사회에서는 성공할 수 없다. 왜냐하면, 기계들이 모든 일을 다하므로 공장 소유주는 수익금으로 주머니가 두둑해지겠지만 노동자들은 실직하고 굶주리게 되기 때문이다. 이것은 불공정하고 용납할 수 없는 일이다. 그러므로 100명의 노동자를 대신하는 1대의 기계를 설치한 경영자는 이제 할 일이 없어진 100명의 노동자들에게 계속해서 급료를 지불해야 한다. 그렇게 되면 기계 덕분에 노동자들은 여가의 시대로 들어가 그 혜택을 입게 될 것이다.

그런데 사람들은 종종 기계가 인간을 노예화하고 기술이 우리 사회의 인간성을 말살한다고 말한다. 그것은 틀린 말이다. 사업주가 인간을 노예화한다. 인간이 종신 강제노동을 선고 받은 것은 사업주들을 위해서이다. 사업주는 우리를 노예화하지만, 로봇은 우리를 해방한다.

기술이 우리 사회의 인간성을 말살하는 유일한 이유는 인간이 강제노동이 행해지는 공장에 정시 출근하여 강제노동에 사용되는 기계들과 여전히 함께 일해야 하기 때문이다. 그것이 문제다. 인간과 기계를 뒤섞어서는 안 된다. 인간은 개화를 위한 장소에 존재하도록 디자인 되었고, 반면 기계는 로봇이나 컴퓨터의 관리하에 작업장에서 작동하도록 디자인 된 것이다.

인간에 의해 행해지는 노동은 모두 기계에 의해 수행될 수 있다. 인간이 행하는 일은 모두 컴퓨터가 수행할 수 있고 게다가 인간보다 훨씬 더 잘 해낸다. 인간은 실수가 있지만 컴퓨터는 실수가 없다.

만약 지구상의 군사예산에 사용되는 모든 자금이 공장, 생산현장 및 사무실의 개량에 투자된다면 7년 안에 세상은 완전히 바뀔 수 있을 것이다. 모든 작업은 로봇화 되어 인간은 더 이상 노동이 강요되지 않을 것이다.

인간은 자기 개화를 위해 만들어졌고 기계는 일하도록 만들어졌다. 로봇이 인간의 일을 해야지, 인간이 로봇의 일을 해서는 안 된다. 하지만 현재 대부분의 기업들에서 실제 행해지는 것은 후자이다. 당신은 "그럼 누가 기계들을 관리할 것인가?"라고 물을지 모르겠다. 답은 매우 간단하다. 난기석으로, 생산수단의 완전한 자동화에 필요한 최초의 약 10년간은 군대가 로봇들의 유지보수와 관리를 위한 업무에 배속될 수 있다.

다른 대안으로는, 군대복무를 대체할 일종의 사회복무제도를 만들 수 있을 것이다. 스위스의 징집제도처럼, 모든 사람들이 교대로 일생 동안 1년 내지 2년 근무하게 하면 각자 매년 2주 동안만 일하면 될 것이다.

그렇게 하면 소집된 인원들과 자발적으로 일하기를 원하는 사람들만 생산현장에서 일하게 되고 그 밖의 사람들은 자유롭게 된다. 물론 이와 같은 조치는 자기수리와 자급자족이 가능한 완전 로봇화된 생산공정이 확립되기까지 약 7년간의 짧은 과도기 동안만 필요할 것이다.

인간의 생활과 개화에 필요한 모든 생산과정들이 전적으로 생물로봇들에 의해 유지, 보수 및 감독되는 세상, 이것이 인류에게 다가올 미래이다. 이 생물로봇은 농업, 공업, 가사 또는 예술 등 모든 영역에서 이용할 수 있다.

생물로봇은 전적으로 생명물질로 만들어진다. 과학자들은 이제 막 DNA 합성을 통해 그런 로봇을 구현해낼 수 있는 시점에 도달했다. 인공지능, 생물학 및 전자공학 전문가들에게 충분한 자금만 제공된다면 과학자들은 생물로봇을 매우 이른 시일 내에 만들고 그것들이 모든 면에서 최소한 인간과 동등한 수준의 능력을 갖도록 설계할 수 있을 것이다.

〈 하루노동시간의 변천과 수혜자의 변화 〉

생산단위	생존 수단	하루 노동시간	수혜자	교환 수단	활동 목적
부족	수렵과 채집	14시간	개인	물물교환	생존
촌락	가축 사육과 농경	14시간	개인	화폐	생존
제조업자	육체노동	14시간	업주	화폐	생존
공장	보조적인 육체노동	10시간	공장주	화폐	생존
반자동화 공장	관리 유지	8시간	공장주	화폐	보다 낳은 생활
완전 자동화 공장	없음	0	공동체	배급	자기 개화

소득격차의 시정에서 화폐의 폐지로

귀족정치, 즉 농민을 착취했던 영주들의 시대에는 농민과의 소득격차가 소영주의 경우 약 1,000대 1, 대영주는 약 10,000대 1, 국왕은 100,000대 1 정도였다. 오늘날 이 격차는 현저하게 감소되고 있다. 프랑스의 예만 들어도 프랑스혁명 때는 폭력적으로, 그 이후는 점진적으로 그 격차가 감소되어 오늘날에는 마침내 법정최저임금제의 도입에 까지 이르고 있다.

이전의 국왕에 해당되는 국가 정상에 오른 인물, 즉 프랑스 대통령도 현물로 주어지는 관사 및 공용차 등의 특전을 포함해도 1977년도 그의 소득은 법정최저임금의 약 30배 이상은 되지 않는다. 지난 2백 년만에 소득격차는 상당히 줄었으며, 앞으로도 계속 줄어들 것이다.

또 대영주에 해당되는 장관이나 장군 또는 기업 임원의 급료도 최저임금의 약 15배 이상은 되지 않아서 수백 년 전의 1만 배에는 비교도 안 된다.

마지막으로 소영주에 해당하는 소기업 경영자들의 경우도 최저임금의 약 7배 이상은 되지 않는다. 세계의 모든 정부는 소득격차의 감소를 목표로 하는 정책을 입안하고 있으며, 프랑스의 경우 격차를 6대 1로 낮추려고 계획하고 있다.

스웨덴은 이미 4대1로 낮추었고 추후 목표는 3대1까지 낮추는 것이다. 즉 어느 누구의 급료도 최저임금의 3배 이상 되지 않게 한다는 것이다.

  이런 과정은 노동시간 단축과 병행하여 전 세계적으로 계속될 것이고, 결국 소득격차는 완전히 없어질 것이다. 소득격차가 없어지면 화폐는 분명히 그 쓸모를 상실하게 될 것이며, 그 시점에서 화폐는 아무 문제없이 영원히 폐지될 수 있을 것이다. 그럴 즈음에 우리 모두는 아마 다음의 보편적인 원칙을 채택하게 될 것이다. 즉 "모든 인간은 아무 조건없이 태어나서부터 죽을 때까지 안락하게 사는 데 필요한 모든 것을 향유할 권리를 갖는다."

배급경제

'종신강제노동' 시스템의 해체를 위한 첫번째 단계는 화폐의 필요성을 없애주는 배급경제를 확립하는 것이다. 배급경제 시스템은 사람들에게 필요한 물자를 많지도 적지도 않게 생산한다는 원칙에 기초한다.

인간의 기본 필요는 다음과 같다:

- 음식
- 옷
- 집

사회는 이들 세 가지 요소를 무조건적으로 공급해야만 한다. 우리가 알고 있는 국가는 더 이상 존재하지 않게 될 것이므로, 이런 요구의 실현은 국가 차원에서가 아니라 세계적 규모로 행해져야 한다.

만약 모든 음식, 의류 및 주택의 생산이 컴퓨터와 로봇에 의해 이루어지고 또 직업, 인종, 종교 또는 성별에 관계없이 모든 사람에게 무료로 제공된다면, 본질적 가치를 지닌 것들은 그 진정한 가치를 인정 받게 될 것이고 단순히 비싸기만 한 것들은 사라질 것이다.

예를 들면, 예술가는 자신의 작품이 팔릴까 안 팔릴까를 걱정할 필요 없이 그림을 그릴 수 있고, 따라서 그들의 작품을 투자 목적으로 또는 속물적 과시용으로 구매하는 사람들에게 넘기는 대신 진정으로 감상할 수 있는 친구들에게 그냥 줄 수 있을 것이다.

발명품의 경우, 흥미로운 것이라고 평가되면 아무리 비실용적이라고 할지라도 자동적으로 생산되어 갖기를 원하는 모든 사람에게 배급된다. 그리하여 상업적 성공가능성이라는 기준이 더 이상 창조성을 차단하지 못하게 될 것이다.

또 희귀품에 대해서는 어떨까? 아마 21세기에는 인간 천재 외에는 희귀품이란 없을 것이다. 모든 것은 쉽게 재생산될 것이다. 왜냐하면 철갑상어알, 샴페인, 다이아몬드, 와인, 육류, 보석, 향수 등등 그 무엇이든 실험실에서 합성될 수 있는 화학물질로 구성되어 있기 때문이다. 인간을 포함한 생명체조차도 기본적으로 DNA 속에 성격을 포함한 모든 유전정보가 담겨 있으므로 재생산 가능하다.

노동과 매춘

"수 세기 동안 강제노동은 우리의 뼈를 부수고, 살을 멍들게 하고, 신경을 짓눌러 왔다. 수 세기 동안 굶주림은 우리의 창자를 고문하고 환각을 일으키기도 했다.
아아, 게으름이여, 우리의 기나긴 고통에 연민을!
아아, 게으름뱅이여, 예술과 고매한 덕의 어머니여,
우리 고뇌의 위안이어라!"
...폴 라파르그(Paul Lafargue, 프랑스 사회주의자)

하루 8시간 동안 기계의 그늘에서 보내는 노동자나 같은 시간 동안 서류를 잉크로 채우며 보내는 사무원들은 매춘부를 경멸하지만, 그들과 매춘부 사이에는 그다지 큰 차이가 없다.

노동자와 월급쟁이가 그들의 육체를 하루 8시간 동안 사장에게 빌려주는 반면, 매춘부는 돈을 벌기 위해 하루에 잠시 동안 그 육체를 빌려준다. 기술자도 마찬가지인데, 그는 사실 돈 때문에 몸과 마음을 팔고 있다. 진실은, 보수를 받기 위해 일하는 모든 사람들은 어떤 방식으로든 자신을 매춘하고 있다는 것이다.

나는 고등교육을 받고 석사학위를 가진 젊은 여성을 한 사람 아는데, 그녀는 파리 샹제리제 거리에서 매춘을 하고 있다. 그녀는 다음과 같이 그 이유를 말한다.

"나는 많은 학위증서를 보유하고 있지만 그걸로 얻을 수 있는 일거리라곤 미래의 야채장수들에게 니체 철학을 강의하는 것인데 그렇게 버는 돈으로는 겨우 생활비를 댈 수 있을 뿐이고, 나 자신을 위한 시간이나 저술을 향한 나의 열정을 채우기 위한 시간은 전혀 낼 수 없었어요. 그러나 하루 한 두 시간 나의 몸을 매춘에 사용함으로써 큰 돈을 벌 수 있고 또한 하루의 나머지 시간 동안은 책을 쓰거나 철학공부를 하는 데 전념할 수 있게 되었어요. 돈을 벌기 위해 나의 정신을 팔 것인가 나의 몸을 팔 것인가를 선택함에 있어서 한 순간도 주저해 본 적 없어요."

이 논리에는 논쟁의 여지가 없다. 불운하게도 나머지 '종신 매춘' 노동자들은 그녀 처럼 아름다운 육체를 타고 나지 못했거나 혹은 그녀의 정신 처럼 총명하지 못할 뿐이다. 이 사실이야말로 저들이 천재정치의 실현을 요구하고 단결하지 않으면 안 되는 이유이다. 천재정치 체제에 있어서는 천재들이 육체적으로나 정신적으로 매춘당하고 있는 것을 기계나 컴퓨터에 맡기고 화폐를 폐지하며 나아가서는 매춘 그 자체를 폐지하기 때문이다.

미래의 노동자 : 전자로봇 또는 생물로봇

"만약 도구들이 스스로 움직일 수 있다면
우리는 더 이상 노예가 필요 없을 것이다."
...아리스토텔레스(Aristotle)

 전자공학, 인공지능, 컴퓨터과학 및 생물학의 결합으로 향후 수년 내에 인간의 모든 일을 인간보다 더 빠르고 정확하게 수행할 수 있는 로봇의 제조가 가능해질 것이다.

 최신형 컴퓨터는 정보의 저장과 데이터 분석에 있어서 이미 인간보다 더 뛰어나다.

 또한 컴퓨터를 이용한 교육 분야도 급속히 확장하고 있다. 예를 들면, 의과대학용 프로그램이 실제 교수가 하는 것 처럼 이론적 증상들을 먼저 설명하고 학생들이 진단을 내리게 한 다음 그들의 답변에 코멘트 해주는 방식으로 의대생들을 훈련한다.

 그런 컴퓨터를 체온, 맥박 및 혈압을 측정하는 일련의 센서들에 연결하는 데는 아무런 문제가 없고, 나아가 혈액과 소변의 분석검사도 할 수 있다. 그렇게 하면 사람이 입회할 필요 없이 환자의 모든 의료검사가 자동적으로 수행된다.

 컴퓨터와 인간 사이의 의사소통 문제도 해결되었다. 최근에 구할 수 있는 어떤 프로그램은 인간의 음성을 합성하여, 컴퓨터가 단순히 스크린에 텍스트를 띄우는 것이 아니라 사람 처럼 말로 정보를 교환할 수 있게 해준다. 음성분석 장치를 탑재한 기계는 말로 전달된 정보를 '듣고' 거기에 대답하는 것이 가능하다. 이러한 기능은 상호작용의 가능성을 열어준다. 예를 들면, 컴퓨터가 "이 곳을 누르면 아픕니까?"라고 질문하거나, 혹은 환자의 근육이 몹시 긴장되어 있음을 탐지했을 때는 "긴장을 푸세요"라고 조언해줄 수 있을 것이다. 실제로 이런 컴퓨터는 종종 스트레스로 신경이 날카로워진 의사들의 목소리보다 훨씬 온화한 음성으로 말하는 장치가 탑재될 수 있을 것이다.

알다시피 장차 로봇의 효용성은 그것을 단순히 자동차 조립 라인의 자동화에 이용하는 것보다 훨씬 더 세련되고 광범위하다. 우리는 지금 공상과학에 대해 이야기하는 것이 아니다. 이러한 발전은 오늘, 바로 지금 일어나고 있다. 언제나 처럼 현실은 픽션을 훨씬 능가한다. 인간이 하는 모든 일은 기계가 더 빨리, 더 잘 할 수 있거나 곧 그렇게 될 것이다. 모든 일이 그렇다.

이와 같은 내용은 오랜 세월 동안 인간만의 예외적인 능력이라고 믿여져 왔던 예술이나 창조성에도 그대로 적용된다. 실제로, 음악을 작곡하고 연주까지 할 수 있는 프로그램이 이미 사용되고 있다. 대중음악에 점점 더 자주 사용되고 있는 신시사이저는 누구에게나 친근하다. 나아가 기본적으로 컴퓨터화 된 신시사이저인 시퀀서 샘플러는 이제 인간의 음성을 포함하여 모두 악기의 소리를 재생할 수 있다.

 이런 기계는 바하나 베토벤의 작품을 연주하도록 프로그램할 수 있는데, 그것도 세계 어느 교향악단이 할 수 있는 것보다 훨씬 더 정확하게 연주할 수 있다. 바이올린을 100개나 가진 오케스트라를 생각해 보자. 그 처럼 많은 수의 바이올린 연주자들이 정확히 동일한 시간에 활로 줄을 퉁기는 것은 절대 불가능하다. 제일 빠른 연주자와 제일 늦은 연주자와의 사이에는 항상 10분의 몇 초 정도 차이가 생기고 또 중간에 끼어 드는 연주자들 사이에도 100분의 몇 초 정도 차이가 생긴다.

 반면에 컴퓨터는 백만분의 1초보다 더 작은 오차로 모든 바이올린이 동시에 연주를 시작할 수 있도록 프로그램할 수 있다. 이와 같은 소리의 동시성은 가장 위대한 인간 지휘자가 기대할 수 있는 것보다 훨씬 더 뛰어난 것이다. 바로 그런 시간차, 즉 인간의 미세한 주저가 오케스트라나 지휘자의 고유한 개성을 나타낸다고 생각한다면, 컴퓨터가 그런 특징을 구현할 수 있도록 똑같은 시간차를 프로그램해 넣을 수도 있다.

 컴퓨터화 된 신시사이저의 또 하나의 이점은 악기가 연주되는 방의 조건에 따른 자연 음향효과에 의존하던 원래의 음향악기들보다 훨씬 더 순수한 소리를 낼 수 있다는 점이다. 그 차이는 음향악기의 소리를 마이크를 통해 녹음하고 앰프로 증폭할 때 특히 분명해 진다. 신시사이저를 사용하면, 전자신호는 녹음이 행해지는 방의 음향 결함에 따른 음질의 손상 없이 순수한 형태로 바로 녹음될 수 있다.

국립과학연구소의 수석연구원이자 작곡가인 쟝 클로드 리셰(Jean-Claude Risset)는 다음과 같이 말한다. "컴퓨터의 정밀도와 기교에는 한계가 없다. 컴퓨터는 인간 연주자에게는 실행불가능한 정확성을 가지고 어려운 악보, 복잡한 리듬을 연주할 수 있다. 작곡가 중에는 인간 연주자들보다는 차라리 컴퓨터의 사용을 선호하는 사람도 있다."

소리에 대해서 가능한 것은 형태, 색깔, 냄새, 맛에 대해서도 똑같이 가능하다.

화가가 엉덩이의 이상적인 곡선을 그릴 때, 그것은 무수히 많은 가능한 선들 중에서 단 하나의 선을 그린 것이다. 컴퓨터도 마찬가지로 그렇게 할 수 있다. 실제로, 컴퓨터는 모딜리아니의 긴 목이나 뷔페의 무수한 수직선 처럼 화가의 독특한 화풍으로 간주되는 '실수' 들을 포함하도록 프로그램 될 수도 있다. 그리고 컴퓨터는 모딜리아니 스타일의 그림을 재생할 수 있는 것과 마찬가지로 바하 스타일의 음악을 작곡하도록 프로그램 될 수도 있다.

컴퓨터는 현존하는 모든 스타일을 검토하고 특정 관객의 취향에 가장 부응하는 스타일을 구현함으로써 아직 존재하지 않는 스타일을 '발견' 하는 것조차 가능하다.

"창조성의 발전에 있어서 컴퓨터가 하는 역할은 이제 걸음마 수준이지만 그 장래는 대단히 유망하다." 이것은 그르노블 국립과학기술연구소의 아놀드 가우프먼(Arnold Kaufman) 교수의 말이었지만, 최근의 발전은 현실이 이미 그의 예측을 뛰어넘었음을 증명하고 있다. 나아가, 만약 컴퓨터가 예술 처럼 섬세하고 미묘한 전문성을 성공적으로 담당할 수 있다면 식량, 에너지 및 상품생산 등 인간의 기본적 수요들 또한 아무 문제없이 처리할 수 있을 것이라고 쉽게 예상할 수 있다. 그러한 컴퓨터와 로봇의 발명이 모든 생산과정의 완전 자동화를 위한 중요한 단계가 될 것이다.

그런데 만약 컴퓨터가 스스로 자기 자신을 제작할 수 있도록 설계하지 못한다면, 이 완전자동화 과정에는 많은 시간과 에너지가 소요될 수 있을 것이다. 인간의 몸이 최초의 세포 속 유전자코드에 담겨 있는 지시에 따라 눈과 팔 등등을 만들며 스스로 자라는 것과 다소 유사한 방식으로, 중앙 컴퓨터에 완전한 계획서를 입력함으로써 컴퓨터가 각 모델에 사용될 부품과 센서들을 만들게 할 수 있을 것이다.

중앙컴퓨터 프로그램에는 똑같은 다른 하나의 중앙컴퓨터를 재생산하고 그것이 또 다시 재생산하도록 데이터를 입력하는 것 조차 가능할 것이다. 그것은 마치 인간이 생식기관을 사용하여 다른 인간을 만들고 또 그가 같은 일을 반복할 수 있는 것과 똑같다. 자동 재생산 컴퓨터에게는 '종의 보존'이 아니라 '모델의 보존'이 될 것이다.

식량, 에너지 및 상품생산 분야에서는 금속제 로봇의 사용이 효율을 떨어뜨리지 않을지 몰라도, 가정에서의 가사노동 처럼 인간과 유사성을 갖도록 요구되는 로봇 작업을 위해서는 보다 조화로운 재질이 필요할 것이다. 바로 지금 우리는 자동으로 스스로 청소하고 또 음식, 위생, 오락 등 거주자의 모든 필요에 응답하는 '지능 주택'을 쉽게 상상할 수 있다. 그런 주택은 주인의 음성 지시에 따라 음식을 준비하고 알맞은 온도와 수위로 욕조를 채우고 원하는 대로 텔레비전 채널을 맞춰줄 수 있겠지만, 그 보다 훨씬 더 우리가 선호하는 것은 사람과 닮은 자동 로봇 하인들의 시중을 받는 것이리라.

　바로 여기가 생물학이 개입할 곳이다. 인간은 금속 물체와의 접촉에 '따뜻함'이 결여되어 있음을 알게 되고 따라서 생물로봇을 만들게 될 것이다. 이 생물로봇은 생명물질로 제조되어 인간이 바라는 일을 할 수 있도록 프로그램 된 로봇이다. 분명히 어떤 사람들은 "우리에게는 지성을 가진 살아 있는 노예를 만들 권리가 없다"고 밀하며 반대할 것이다. 그렇다면 컴퓨터도 또한 지성을 지닌 '살아 있는' 존재이다. 우리가 이 생명물질을 합성할 수 있는 마당에, 살아 있는 생물학적 물질로 만들어졌다는 사실이 문제의 본질을 바꾸는가?

　더욱이 노예란 회초리로 때리거나 굶기겠다는 위협으로 그 생명체의 의지에 반하여 강제로 노동을 시키는 것이다. 그러나 인간의 욕구를 위해 노동하고 복종하도록 유전학적으로 프로그램된 생물로봇을 제작하면 그것들은 다른 것은 생각하지도 못하고, 마치 인간이 완전히 자발적으로 먹고 마시고 잠자듯이, 자기 일을 완전히 자발적으로 하게 된다. 그러므로 로봇들을 해방시켜야 할 이유가 전혀 없다.

하지만 생물로봇의 외견을 인간과 똑같이 만들 경우, 그것들에게 어떤 표식을 가함으로써 인간과 구별할 수 있게 조치할 필요가 있을 것이다. 예를 들면, 모종의 유전적 특징을 부여한다든가, 항상 특정 목걸이를 착용하게 한다든가, 이마에 돌 같은 것을 박아 넣을 수도 있을 것이다.

생물로봇은 컴퓨터 처럼 대량생산하여 즉시 사용가능하지만 자기재생은 불가능하게 만들 수도 있고, 혹은 유성생식이나 단순분열 방식으로 자기재생하도록 프로그램할 수도 있을 것이다.

청교도적인 로봇노예반대론자들이 정신적 충격을 고통없이 이겨낼 수 있도록 돕기 위해서는 처음 수 세대의 로봇들을 인간과 너무 닮지 않도록 만드는 것도 좋을 것이다. 사람의 얼굴을 한 노예보다는 개의 얼굴을 한 노예 쪽이 아마도 훨씬 충격이 덜 할 것이다. 그럼에도 불구하고 아랑 드롱이나 브리짓트 바르도를 닮은 '노예'와 시간을 보내는 편이 훨씬 더 기분 좋을 것이다!

화폐의 폐지: 진정한 가치로의 복귀

현대사회에 있어 사람에 부여하는 가치는 종종 소유하고 있는 재산에 비례한다. 작가, 화가, 발명가, 음악가, 연구자에 있어서도 돈이 없으면 세상의 관심을 끌지 못한다. 우리 사회는 인간적 가치보다 금전적 가치를 더 중요시하며, 그것을 강조하는 예로 "돈은 부자에게만 빌려준다" 라는 말이 있다.

인간적 가치보다 자산 가치를 더 중시하는 것은 은행 대출을 승인할지 말지를 결정할 때 뿐 아니라 어떤 사람에게 관심을 보일지 말지를 결정할 때도 마찬가지이다. 천재 화가가 그의 작품을 길거리에 펼쳐놓으면 아무도 관심을 갖지 않지만, 동일한 화가가 유명한 미술관에 작품을 전시하면 모든 여성들은 그 작품들에 끝없이 열광한다. 음악가나 시인에 대해서도 똑같이 말할 수 있다. 우리 시대 대부분의 사람들에게는 '돈의 신' 이야말로 유일하게 숭배할 만한 가치를 갖는 것이다.

나에게는 이제 막 오늘날의 위대한 화가들 중 하나로 인정 받기 시작한 친구가 있다. 그는 나에게 그의 에이전트가 그를 세상에 알리고 사람들로 하여금 그의 그림을 사는 데 기꺼이 거금을 지불하도록 만든 과정을 설명해 주었다.

우선 그 에이전트는 한 유명한 영화배우에게 접근해 '굉장한 투지'가 될 것이라고 (언제나 돈이다!) 말하며 그의 그림 한 점을 사도록 설득했다. 그런 다음, 그는 주요 신문사들의 가장 영향력 있는 기자들에게 그림 몇 점을 선물로 주면서 그 작품들의 가치가 한 주일 안에 엄청나게 올라 큰 이익을 남기고 팔 수 있을 것이라고 강조했다. 그 대가로, 그는 기자들에게 유명한 영화배우가 그 화가에게 관심을 가진 것에 대해 기사를 써서 그 젊은 영재를 띄워 달라고 말하며, 일주일쯤 후에는 그 그림이 막대한 값으로 아무 문제없이 팔릴 것이니까 신문에 잘 소개해 달라고 부탁한다.

그리하여 바퀴는 굴러가기 시작했고, 다른 신문들도 덩달아 '불타나게 팔리는' 그림들에 대해 칭찬의 노래를 불렀다. 신문들에서 야단법석이 나자 다음에는 텔레비전에서 유명세를 타게 되었고, 마침내 에이전트는 그림의 가격이 너무 올라가기 전에 '몇 점 안 남은' 그림들을 사도록 재계의 거물들을 설득하는 데 성공했고, 기자들에게 보여준 그림은 거기서 1만 프랑에 한 거물에게 팔린다. 도매상에 맡겨 두었던 100개 가까운 그림은 금방 팔려 버렸으며 값은 그 뒤로도 계속 올라간다. 상류사회의 사람들은 그림을 서로 보여주며 자랑하고, 모든 신문이 새로운 피카소의 출현이라고 대서특필하고 있는 유명한 그의 그림을 시가의 두 배를 지불해서라도 입수하려고 한다.

그러나 이런 과정에서 내 친구는 에이전트로부터 수익금을 전혀 받지 못했고, 3년의 계약기간 동안 매년 일정 숫자의 그림을 그려 준다는 조건으로 겨우 생활비에 쓸 정도의 고정 급료를 받았을 뿐이다. 그 화가로서는 이런 계약이 몽마르뜨르 다리 밑에서 굶어 죽는 것보다는 낫다는 게 분명하지만, 그의 예는 명성과 예술적 평판을 만들어내는 과정이 한 순간이라도 예술작품에서 받은 감동이 아니라 순전히 돈과 이익에 기반하고 있음을 잘 보여준다.

　실명을 밝힐 수는 없지만, 내 친구는 이런 시스템의 추악함을 완벽하게 이해하고 있다. 그는, 비록 그것들을 자신의 스타일이 아니라 완전히 가공적인 스타일로 한 번의 주말 동안에 모두 그려낸다 할지라도, 계약서에 명시된 대로 매년 25점의 그림을 에이전트에게 보내준다. 이렇게 함으로써 그는 연중 나머지 시간을 그가 정말로 좋아하는 그림을 그리는 데 쓸 수 있고, 그것들은 자신을 위해 간직하는 것이다. 그 계약이 끝나면, 그는 자신의 진정한 예술작품들을 전시할 계획이다. 하지만 이런 과정은 천재가 인정 받기 위해 험한 길을 얼마나 돌아가야 하는지 잘 보여준다.

　우리가 돈이 필요없는 사회에 살게 되면 화가, 음악가, 발명가 및 과학자들은 자기가 진정으로 좋아하는 것을 할 수 있다. 당대의 화가가 그린 오리지널 그림을 손에 넣기에 충분히 운이 좋은 유일한 사람들은, 내세울 거리고는 은행 계좌의 막대한 잔고 뿐인 사람들이 아니라 화가가 표현하고자 하는 깊은 곳을 큰 감동과 따뜻한 마음으로 느끼는 사람들이다. 화가는 우정에 우러나서 그들에게 작품을 줄 것이다. 바로 이것이 사물의 진정한 가치가 평가 받는 때이다. 그러면 화랑은 더 이상 엄청난 고가의 작품들로 장식되지 않을 것이다. 예술품을 수집할 수 있는 사람은 돈이 많기 때문에 그럴 수 있는 것이 아니라 예술가들을 가장 잘 평가하고 이해하며 그들에게 가장 큰 따뜻함과 우정 및 공정한 격려를 준 사람이기 때문일 것이다.

돈에 대한 믿음은 인간적 가치에 대한 믿음으로 대체될 것이다.

그리하여 예술가들은 팬과 예찬자들로 이루어진 추종자들을 거느리게 될 것인데, 그들은 예술이 자신을 기쁨과 열정으로 채워주기 때문에 예술가들 곁에 살면서 창작품들이 완성되어 가는 것을 맨 처음 보고 싶은 마음에 거기에 함께 있는 것이다.

있는 그대로 존재하기 위해 노력해 본 적이 한 번도 없고 오로지 소유하는 것 밖에 모르는 자들은 얼마나 많은 것을 배워야만 할까!

화폐가 폐지되었을 때 사람들은 "맨 처음이었던 자가 맨 마지막 자가 되리라"고 쓴 문장의 의미를 진실로 이해하게 될 것이다.

가장 위험한 종파(Sect) : 군대

　미래의 사회는 비폭력적이어야 하며, 사람들은 관용의 문화 속에서 자기개화를 이룰 수 있어야만 한다. 모든 사람은 각자의 종교, 성, 정치적 성향 등을 포함하여 모든 방면에서 서로 다를 권리를 누려야만 한다. 종교적, 성적, 정치적 및 인종적 편견은 더 이상 있어서는 안 된다. 우리는 원시인 처럼 행동하기를 그만 두고, 우리와 다르다고 해서 혹은 달라지겠다고 스스로 선택한 다른 사람들을 두려워하는 것을 멈추어야 한다. 종파란 다른 사람의 종교를 지칭할 뿐이다. 악덕이란 다른 사람의 관능성을 지칭할 뿐이다. 우리는 이런 것들에 더욱 관용적이 되도록 깨어나지 않으면 안 된다.

　기독교인들은, 만약 자신이 2천 년 전에 태어났더라면 위험한 종파의 멤버로 몰려 사자 먹이로 내던져 졌을지도 모른다는 사실을 잊어서는 안 된다. 그러므로 그들은 오늘날의 새로운 종교들에 종파의 딱지를 붙일 권리가 없으며, 특히 그런 새로운 종교들이 수많은 젊은이들에게 삶의 의미를 부여해줄 경우에는 더욱 그러하다. 내 이웃사람이 자기 배꼽을 세계의 중심이라고 신인하고, 또 수천 명의 사람들이 이 믿음에 의지하고 따르면서 그를 숭배하기 위해 황금 옥좌를 만든다고 가정해보자. 만약 그들이 기쁘게 그렇게 한다면, 특히 모든 사람들이 그들의 믿음에 다 공감하지는 않는다는 사실을 이해하고 그에 대해 스스로 관용적일 때는, 그들은 그런 옥좌를 만들 자유가 있다. 만약 타인의 신앙이 당신의 마음을 혼란시킨다면 그것은 당신이 생명과 세계에 대한 당신 자신의 관념에 있어서 확신을 갖지 못한 까닭이다.

성생활에도 똑같은 원리가 적용된다. 비록 어느 남자 또는 여자의 자연적 성생활 리듬이 하루 3회나 될지라도, "나는 일주일에 한 번이면 충분하다"는 이유로 그 사람을 성도착증이라고 비난해서는 안 된다. 왜냐하면 사람은 각기 자신의 고유한 리듬을 갖고 있기 때문이다. 악덕이란 다른 사람의 관능성을 지칭할 따름이다.

어떤 사람의 종교가 전통적인 주류 신앙과 다르다고 해서 그 사람이 세뇌 되었다고 추정하는 것은 심각한 관용의 결여일 뿐만 아니라 전체주의국가에서 자행되듯 강제노동수용소를 향한 첫 단계가 된다.

다른 사람들도 정신적 균형이나 정신건강에 대해 의심 받지 않고 그들 자신의 종교를 자유롭게 선택할 수 있다는 점을 인정하지 못한다면, 우리는 중세 종교재판의 덫에 도로 빠지게 될 것이다. 하지만 이번에는 고문 대신에 '정신이상'이라는 교묘한 수법으로 대체되고 있는데, 의료적 조작으로 정신병원에 수용함으로써 선택과 권한을 제약하는 방식이 사용된다. 다른 말로 표현하자면, 소위 자유국가들이 정신적 및 종교적 '반체제자'들을 가두는 '강제노동수용소'로 되돌아가고 있다는 것이다.

소련에서는 그들의 정치 시스템에 동의하지 않는 반체제자 '문제'를 해결하는 데 필요한 조치로서 세뇌와 강제수용소 감금이 정당화 되고 있다. 하지만 오늘날 비 전체주의국가들에서도 어떤 사람들은 주류 전통종교를 따르지 않는 사람들에게 그와 동일한 세뇌 기법을 사용하자고 감히 제안한다.

사람들은 통상 경멸적으로 '종파' 라고 불리는 신흥종교에서 신입 신도들에게 행해진다고 상상하는 정신적 또는 육체적 폭력에 대해 거리낌없이 이야기한다. 그러나 세뇌와 육체적 및 정신적 폭력을 행함에 있어 이제까지 존재해왔던 것 중 가장 거대한 조직인 '군대'에 대해서는 아무도 말하지 않는다.

젊은 징집병은 어떤 짓을 당하는가? 우선 그는 삭발, 제복, 군용의류 등 각종 물리적 변형을 통해 철저한 개성박탈을 겪는다. 그 다음, 그의 개성이 억제된 뒤에는 어떻게 행동해야 할지를 배운다. 새로운 행동 양식은 자동반사행동을 확립하기 위해 고안된 행군, 경례 및 낯선 자의 접근에 공격적으로 반응하기 등의 육체적 훈련을 통해 각인된다. 그러는 동안 끊임없이 주어지는 사소한 과제들, 아주 짧은 휴식, 두뇌를 규율에 보다 민감하게 만들기 위해 단백질 함량이 적고 영양이 불충분한 저질 음식의 제공 등을 통해 스스로 생각하거나 과거의 자신을 기억할 기회가 상실된다. 그가 전혀 대항할 수 없는 정신적 폭력, 불공정한 징벌, 선택권의 박탈, 지속적인 육체적 괴롭힘(이런 짓을 가하는 상관은 "항상 옳다") 등 모든 것이 세뇌과정을 강화한다.

그러므로 세뇌에 관해 이야기하겠다면, 이 범죄의 가장 큰 소굴인 군대를 거론하는 것을 잊어서는 안 되는 것이다. 우리는 군대란 진정 무엇인지 알지 않으면 안 된다. 군대는 초 조건화 집단으로서, 그 안에서는 젊은 징집병들이 아무것도 생각하지 않고 또 걱정하지 않고 그냥 아무런 의심없이 명령에 자동적으로 복종하는 데만 집중하도록 만드는 방식으로 모든 것이 조직된다. 목적은 그들을 로봇으로 만드는 것이다. 그 로봇들은 언제 어디서든 명령만 주어지면 자동적으로 누구든 죽일 것이다. 실제로, 그들은 수 백만 명의 주민들이 살고 있는 도시들 위에 거리낌없이 폭탄을 투하하기도 했다. 이것이야말로 이 세뇌 과정의 본질이다.

바로 지금에도 군대에 의해 그토록 깊이 조건화 된 나머지 단지 명령을 받았다는 이유만으로 방아쇠를 당겨 수 백만 명의 죄없는 사람들을 살해하는 데 한 순간도 주저하지 않을 젊은이들이 세계 도처에 있다. 진짜 세뇌가 행해지는 곳은 '종파'가 아니라 바로 군대인 것이다.

군대에 징집된 젊은이들의 조건화 과정은 단순명쾌하다:

가. 개성의 박탈

나. 행동의 각인

다. 요구된 성격의 통제와 유지

많은 젊은이들이 12개월의 군 복무기간 동안 숙식을 제공 받으며 거의 반복적인 업무를 행한 후에 직업군인으로 남겠다는 유혹에 빠지는 것은 참으로 놀라운 일이다. 사회생활로의 복귀에 대한 그들의 두려움은, 얼마나 많은 젊은이들이 조건화 되어 스스로 생각하는 것은 고사하고 명령에 복종하는 것 외에는 다른 어떤 것도 할 수 없게 되었는지 잘 보여준다.

인도차이나에서 돌아온 O.A.S.(비밀부대) 제대병들, 외인부대 노병들, 전직 미 해병대원들이 좋은 예가 된다. 그들은 너무나 조건화된 나머지 사회생활에 재적응하는 것이 어려워 폭력과 범죄에 빠져들곤 했다. 천재정치정부는 그런 세뇌가 사회에서 더 이상 조직적으로 행해지지 않도록 이 문제를 연구해야만 한다.

과거 나치당원들과 같은 많은 전쟁범죄자들이 언제나 "나는 명령에 따랐을 뿐이다"라는 변명 뒤에 숨으려고 애쓰는 것 또한 매우 의미심장한 일이다. 소련에서 반체제인사들을 고문한 자들도 재판에 회부 된다면 자신을 변호하기 위해 똑같이 말할 것임에 틀림없다. 알제리, 인도차이나 및 베트남에서 그토록 폭력을 행사한 자들, 아울러 히로시마에 원폭을 투하한 자들 조차도 똑같을 것이다. 그들은 모두 근본적으로 똑같다. 군대야말로 인류의 첫번째 적이다. 왜냐하면 그들은 하나같이 무책임하고 더구나 기회가 닿는대로 자신은 책임이 없음을 공언하기 때문이다. 가장 심각한 사실은, 그들이 젊고 책임감 있는 사람들을 명령을 내리기만 하면 가장 끔찍한 범죄라도 저지를 준비가 된 살인자들로 개조했으며 그리고 자신이 행동에 대해 후에 추궁을 받게 되었을 때는 언제나 명령에 따랐을 뿐이라는 변명 뒤에 숨을 수 있음을 알고 있다는 점이다.

사회가 도덕적으로 깨끗해지기 위해서는, 모든 사회 구성원들이 어떤 상황에서든 자신이 저지르는 폭력행위에 대해 직접 책임져야 한다는 점과 또한 명령에의 복종은 명령을 내리는 자와 똑같은 크기의 책임을 내포하고 있다는 점을 정확히 인식해야만 한다. 암살자가 고용되어 누군가를 살해했을 때, 그 암살자는 단지 명령에 따랐을 뿐이라는 이유로 용서 받을 수 있겠는가?

우리 사회의 구성원들이 그 역할이 무엇이든간에 책임감 있는 개인들로 이루어져야 한다는 것은 지나친 희망이 아님에 틀림없다.

발포 분대에 소속되어 발포한 각각의 병사는 발포를 명령한 자와 똑같이 유죄다. 모든 사람이 제복이나 직무라는 핑계 뒤에 숨지 않고 비인간적인 행위의 수행을 거부할 수 있을 때 비로소 우리는 세계평화를 기대할 수 있을 것이다.

마찬가지로 죄 없는 사람에게 유죄판결을 선고한 모든 재판관과 배심원은 그 사람이 자신의 무죄를 입증했을 때는 부당하게 선고된 형량과 똑같은 벌을 받거나 혹은 최소한 그 불의의 희생자가 실제로 겪은 형기와 동등한 형량을 선고 받아야 한다. 이렇게 하면, 종종 불관용이나 근거없는 '개인적 신념'으로 판결하는 재판관과 배심원들은 선고를 내리기 전에 다시 한 번 생각하게 될 것이다.

어떻게 군인을 입 다물게 할 것인가

1914년의 전쟁(제1차 세계대전) 이후에 과학자들이 그들의 연구 성과를 각자가 소속한 국가의 정치, 군사적 권력자들에게 주지 않고 '중립국'에서 공유하고 있었다고 상상해보자. 1935년 경 과학자들은 재래식 군사력을 완전히 궤멸하기에 충분한 기술을 자신들이 갖고 있음을 알게 되었겠지만 그 기술들은 거의 무기로 개발되지 않았을 테고, 따라서 1939~1945 간의 전쟁(제2차 세계대전)은 피할 수 있었을 것이다. 히틀러는 V1과 V2 로켓을 갖지 못했을 것이고 미국도 원폭을 갖지 못했을 것이다. 세계평화기구만이 그런 기술을 보유했을 테고, 그러면 히틀러가 너무 큰 피해를 입히기 전에 그 나치 압제자에게 그것을 사용하기로 결정할 수도 있었을 것이다.

유엔은 무언가를 성취하기에는 무력하다. 왜냐하면 푸른 헬멧을 쓴 유엔군은 정치적 만류를 위한 군대일 뿐이고 또 그들의 무기는 초강대국들의 것에 비히면 형편없기 때문이다.

반면에, 만약 오늘날 기술 발전의 진정한 촉진자들인 과학자들이 평화를 위해 연합한다면 앞서 언급한 1914~1935 시기의 예는 금방 실현될 것이다.

창이나 활과 화살로 싸웠던 철제 무기 시대를 똑같은 예로 들 수도 있을 것이다. 만약 화약과 총을 발명했던 과학자들이 정치

군사권력에 이용 당하는 대신 함께 뭉쳤더라면, 그들이 지배자가 될 수 있었을 것이고 그러면 평화가 실현될 수 있었을 것이다. 1870~1914년간의 시기에 대해서도 똑같이 말할 수 있다. 만약 당시 과학자들이 자동차와 비행 분야의 초기 발견들을 활용하는 데 단합했더라면 전쟁 주창자들의 목소리를 낮추게 하여 1914~1918년의 전쟁(제1차 세계대전)을 방지할 수 있었을 것이다.

그러나 우리의 가장 큰 관심은 인류의 미래를 결정할 현재이다. 비록 오늘날의 군대가 믿을 수 없을 만큼 진보한 무기를 보유하고 있을지라도, 만약 과학자들이 지금이라도 단합한다면 그들은 훨씬 더 정교한 기술을 개발할 수 있을 것이다. 그러면 향후 10년 이내에 과학자들이 새로 개발한 것에 비교하면 현 군대의 자랑거리를 아기의 장난감 처럼 보이게 만들 수 있을 것이고, 과학자들은 이를 지렛대로 완고한 정치군사권력의 최후의 보루에 세계평화를 강제할 수 있게 될 것이다. 현대 군사무기들에 사용되는 기술을 발명한 사람들은 과학자들이기 때문에 그들이 그 무기들을 무력화하여 쓸모없게 만드는 방법을 발명하는 데는 아무 어려움이 없을 것이다. 실제로 과학자들은 수 시간 동안 지속되는 신체마비를 유발하는 파동발사기 같은 비폭력적인 무기를 발명할 수도 있을 것인데, 그 시간이면 비폭력 세계군대의 특공대가 모든 나라에 진입하여 핵무기들과 생물무기들을 모두 무장해제하는 데 충분할 것이다.

유전자증명서 제도의 창설

> "만약 우리가 인류라는 종의 퇴화를 막기를 원한다면, 양쪽 성의 최상의 사람들 간의 결합을 권장하고 최악 간의 결합을 감소시키도록 노력해야만 한다."
> ...플라톤(Platon)

자연선택이냐 아니면 퇴화냐, 이것은 인간을 포함한 모든 생물 종에게 주어진 단 두 가지 선택지이다.

인간 역시 모종의 유전적 자기선택을 확립하지 못한다면 퇴화하게 될 것이다. 자연선택은 동물의 모든 종에서 존재하며, 과학과 의술이 그 과정을 끊기 전에는 인간에게도 있었다. 그러나 오늘날 인간의 자연선택은 더이상 존재하지 않으며, 인간은 이미 퇴화하기 시작했다. 이 퇴화를 중단시키는 유일한 방법은 자연선택을 인공선택으로 바꿔 놓는 것이다. 다만 그것은 나치 범죄자들이 시도했던 것처럼 살아 있는 인간을 대상으로 하는 것이 아니라 임신하기 전에 유전학적으로 행해져야만 한다.

비정상아를 임신할 위험성을 줄이기 위해 고안된 혼전 검사과정이 이미 확립되어 있다. 이것은 좋은 일이지만 충분하지는 않다. 우리에게 필요한 것은 일곱 세대 전까지 모든 선조들의 특성, 질병, 기형 및 유전적 돌연변이를 표시하는 유전자와 염색체 증명서이다.

남녀 한 쌍이 아기를 갖고 싶을 경우, 두 사람의 유전자증명서를 결합해 보면 된다. 컴퓨터로 각자의 유전적 특성들을 비교분석함으로써 전문의는 그들이 비정상아를 출산할 확률을 알아낼 수 있을 것이다.

만약 그 확률이 일정 기준을 초과한다면, 그 커플이 자연적인 방법으로 아기를 갖는 것은 바람직하지 않을 것이다. 그 대신, 모친의 난자를 다른 건강한 정자로 인공수정 시킨다든지 혹은 부친의 정자를 수정시킨 다른 건강한 난자를 모친에 이식하는 방법을 쓸 수 있을 것이다.

우리는 식물과 동물의 형질 선택은 아무런 문제없이 행하고 있으면서도 인간의 형질 선택에 대해서는 완전히 몸을 사린다. 하지만 언젠가는 그렇게 하지 않으면 안 될 것이다. 그렇지 않으면 우리는 느리지만 확실하게 퇴화할 것이다.

교육

"누구나 자신의 기억력에 대해 불평하지만,
아무도 자신의 판단력에 대해서는 불평하지 않는다."
...라로쉬후커(La Rochefoucauld)

현재의 평균정치 시스템에서는 저능아에게 행하는 교육과 똑같은 것을 잠재적 천재에게도 행하고 있다. 그 결과, 다른 아이들이 이해하는 데 며칠, 몇주, 몇달 혹은 몇년이 걸리는 것을 몇분만에 이해할 수 있는 어린 천재들은 공부가 지루해 흥미를 잃는다. 그러나 학교의 교과과정은 평균적인 학생들을 기준으로 꾸려져 있기 때문에, 재능있는 아이들은 평균적인 학생들에게나 필요한 끝없는 반복학습을 하느라 시간을 낭비하도록 방치된다. 그들이 공부에 완전히 흥미를 잃는 것은 전혀 놀라운 일이 아니다.

여기에도 또한 천재정치가 개입할 필요가 있다. 여러 연령별로 아이들의 지성을 측정하여 천재들과 재능있는 아이들을 선별하고, 그들의 수준에 맞게 교육해야만 한다. 아이들은 초등학교에 입학하는 5살 때, 그리고 중학교에 입학하는 12살 때 테스트 받을 수 있을 것이다.

생각해 본다면, 재능있는 아이들보다 정신지체아들의 교육에 더 많은 재정이 투입되고 있다는 사실은 상당히 충격적이다. 이는 평균정치의 수호자들인 위정자들이 평균보다 지성이 뛰어난 사람들을 매우 두려워하고 있음을 은연중에 보여주는 것이다. 이것은 일반인들이 평균이상의 지성을 가진 사람들에 대해 가지고 있는 공포심을 반영하고 있다.

실제로 러시아와 미국은 천재들이 쓸모없이 버려지지 않게 하는 조치들을 이미 시행하고 있다. 그들은 재능있는 아이들을 위한 특수학교를 설립했으며, 그 학교들은 벌써 놀라운 결과를 만들어내고 있다. 하지만 그런 학교들 역시 너무 드물다. 두 초강대국 외에 세계의 다른 모든 나라들은 무익하고 의미없는 평등주의를 빙자하여 초두뇌를 위한 그러한 교육에 대해 고려하기를 거부하고 있다.

이것은 돌이킬 수 없는 범죄행위이다. 그렇게나 느리고 중간지향적인 교육 때문에, 얼마나 많은 천재들이 억제되고 또 그들 자신만의 빠른 속도로 두뇌를 사용하고 개발하는 것을 방해받았을까?

교육에 있어서 또 하나 개혁할 필요가 있는 점은, 인간의 진정한 지성을 특징짓는 상상력을 훼손하면서까지 기억력에 지나친 중요성을 부여하고 있는 현실이다.

몇 년 동안이나 젊은이들의 두뇌는 '암기' 해야만 하는 내용들로 꽉꽉 채워져 있다. 그런 식으로 열심히 공부하면 기억력은 확실히 발전하지만 지성은 그렇지 않다. 낡은 컴퓨터라도 지식을 축적할 수 있지만, 인간의 두뇌는 기억이 아니라 상상하도록 훈련해야만 한다.

몇몇 중국 학교의 학생들은 이미 '오픈북(open-book)' 시험을 치르고 있다. 말하자면, 학생들은 시험관이 제시한 문제에 대한 해답을 찾기 위해 책과 노트를 참고할 수 있는 것이다. 이는 학생들로 하여금 정보를 종합할 수 있도록 훈련 시키는 것으로서 단순한 암기보다 훨씬 더 유용하다.

깃펜을 사용하던 시절에는 얼마나 많은 아이들이 깃털 광신자들 때문에 공부할 시간을 낭비했을까? 당시 교사들은 잉크를 튀기지 않고 글을 쓰는 방법을 가르치는 데 집착하여 헤아릴 수 없는 시간을 썼다. 하지만 지금은 누구나 볼펜을 사용한다.

오늘날에도 유사한 광신자들이 있는데, 다만 이번에는 교사들이 방정식에 집착하여 아이들의 정신에 독소를 뿌린다. 휴대용 계산기의 시대에 누가 그런 것을 필요로 하는가? 실제로 이 작은 기계는 타자기와 마찬가지로 이미 미국의 신설 학교들에서는 허용되고 있다. 우리는 그와 같은 발전을 모든 곳에서 허용하지 않으면 안 된다.

여성 및 개발도상국 주민들의 지위

 천재정치는 성별이 아니라 인간 그 자체에 관련된다. 그러므로 여성의 지위라는 제목에 한 장 전체를 할애하는 것은 그것만으로 일종의 성차별이라고 간주될 수도 있을 것이다. 하지만 여성혐오 현상이 여전히 널리 퍼져 있기 때문에 이것을 문제로 삼는 것은 중요한 일이라고 생각된다.

 혹 누구는 천재정치정부가 남여 각 50 퍼센트로 구성되어야 한다고 말하고 싶을지도 모르겠다. 하지만 성은 아무 관계가 없기 때문에 그 말은 틀리다. 유일하게 중요한 요소는 지성이다. 근육의 우월성은 오늘날의 문명사회와 관련해서는 상당히 무관한 특성으로서, 남성들이 근육을 과시하며 으스댈지라도 '지성'이라는 진정으로 유용한 분야에서는 여성들이 약간 더 유리할 수도 있다. 지성테스트가 개발된 후 오직 시간만이 말해 주겠지만, 미래에 세계정부가 75 퍼센트, 나아가 100 퍼센트의 여성으로 구성된다 할지라도 그 여성들이 실제로 평균보다 높은 지성을 지니고 있는 한, 나는 그것이 진짜 공정하다고 생각할 것이다. 하지만 우리는 양쪽 성의 심리학자들이 함께 테스트를 개발함으로써 그 테스트가 진정으로 성과 무관한 것이 될 수 있도록 주의깊게 보장해야만 한다.

 개발도상국의 주민들에게도 같은 논리가 적용된다. 우선, 우리는 종종 '미개인'이라고 불리는 사람들에 적합한 특별 테스트를 고안해야 하지 않을까 라는 생각에 빠져들 수도 있을 것이다. 그러나 그 생각은 틀렸는데, 앞에서 기술한 것처럼 유일한 기준은 지성이기 때문이다. 그런 사람들의 특성을 보존하기 위해 그들을 문명으로부터 보호해야 한다고 말해서는 안 된다.

우리 문명의 발전보다도 한참 뒤처진 집단의 소수종족들도, 보호구역이라고 알려진 끔찍한 인간동물원 속에서 원시적인 상태로 보존되기를 원하지 않는 이상, 모든 생명체들과 마찬가지로 적응하든가 아니면 사라질 것이다. 인도나 비아프라 프랑스 산악지대인 마시프 센트럴 지역이나 뉴욕 주민들의 고통과 기근을 돕기 위해 구호단을 보낸다는 생각은 우스꽝스럽게 여겨질지 모르지만, 그런 일이 일어나지 않는다는 사실은 서구문명이 이런 문제들을 해결하는 데 더 낫다는 증거가 되기에 충분하다. 그리고 현재 이런 서구문명에 기반한 나라들이 더 부유하고, 개발도상국들이 그들을 모델로 삼고 있는 것은 우연이 아닌 것이다.

어떤 소수종족들이 여성들에게 자행하는 야만적 관습을 허용하는 것, 비록 그것이 자신들의 전통을 지키기 위해서라는 구실로 행해진다 할지라도, 범죄행위이다. 최근 프랑스 텔레비전에는 아직도 여성들을 불결하고 열등히다고 생각하는 한 종족이 방송되었다. 그 여성들에게는 가장 열악한 주거와 최악의 음식만 주어지며, 여성이 남성 구역에 들어가는 것은 금지되어 있다. 만약 우리가 노예제도를 시행하는 종족을 알게 되었다면, 그들이 지구상 어디에 있든 우리는 즉시 그것을 멈추기 위해 노력했을 것이다. 그러나 이런 차별의 희생자가 단지 여성이라는 이유로 우리는 그것에 눈을 감는다. 게다가 이러한 종족적 관습은 존중되어야 한다며 지지하기까지 한다. 이것은 참을 수 없다! 이 세상 누구도 그런 성차별을 행할 권리는 없으며, 우리는 그런 일이 서구문명사회를 포함하여 어디에 감춰져 있든 그것을 종식시킬 권리가 있다.

어느 시인이 말했듯, "여성은 남성의 미래이다." 이 말은 누가 했건 확실히 옳다. 왜냐하면 오늘날 우리에게 물려진 폭력적인 세계는 거의 남성만에 의한 통치가 계속된 결과이기 때문이다. 남성들이 모든 것을 날려 버릴 준비가 된 바로 이때에 여성들이 발언권을 갖기 시작했다는 사실은 아마도 하늘의 전조일 것이다. 다른 말로 표현하자면, 우리는 그 시인의 문장을 "여성은 인류의 미래이다"라고 바꿀 수 있을 것이다.

분명한 것은, 여성들은 결코 히로시마에 원폭을 투하하라는 명령도 내리지 않았을 것이고, V1 로켓을 런던에 쏘아 보내지도 않았을 것이고, 세균무기를 제조하라고 명령하지도 않았을 것이라는 점이다. 여성들은 생명에 대한 존중심이 더 강한데, 그것은 그들이 생명을 낳기 때문일 수도 있고 혹은 그들이 힘을 찬미하지 않는 방식으로 키워지기 때문일 수도 있지만, 그 결과는 자명하다. 북아일랜드에서 행해지고 있는 여성 시위는, 세계평화를 확립함에 있어서 여성들이 중요한 지렛대들 중 하나가 될 것이라는 증거를 제공하고 있다.

인구문제

> "만약 전 세계에서 원하지 않는 아이를 임신하지 않는다면 인구과잉 문제는 대부분 해결될 것이다."
> ...인구문제심의회 부의장

"낳고 불어나라" 하는 시대는 끝났다. 남아 있는 공간이 없다! 다행히도 인간은 유사 이래 처음으로 인구증가를 조절하는 수단을 가지고 있다.

다른 나라보다도 특히 프랑스 국민들은 출생율을 낮추는 것이 행복을 위해, 그리고 실제로 생존을 위해 얼마나 중요한지 이해하고 있지만, 무책임한 소수의 사람들은 이에 대해 계속 불평한다. 인구감소에 반대하는 자들은 "이웃 나라의 인구가 빠르게 증가하여 언젠가는 우리를 추월하게 될 것이다. 그러면 그 이웃 나라는 위협이 될 수 있다."라는 고전적인 구실로 자신들의 주장을 정당화한다. 그들이 깨닫지 못하는 사실은, 국가 간의 경제적 경쟁이 계속될 경우 (협력하기보다 이런 방식으로 경쟁하는 것은 우리가 피하려고 노력해야만 하는 행위이다) 가장 인구가 적은 나라가 가장 잘 대처할 수 있을 것이라는 점이다. 그 이유는 간단하다. 그들은 먹여살릴 입이 적기 때문에 로봇화를 통해 부족한 노동력을 보충할 수 있기 때문이다.

1976년은 프랑스에게 기념비적인 해였다. 프랑스 역사상 처음으로 인구증가가 멈추었을 뿐만 아니라 약간 감소하기까지 했던 것이다. 우리는 세상의 젊은이들에게 아기를 덜 갖도록 권장할 필요가 있다. 하지만 젊은이들은, 만약 그렇게 한다면 그들이 노인이 되었을 때 자신들을 부양할 젊은이들이 부족하게 될 것이라는 주장을 받아들이고 있다. 그것은 사실이 아니다! 자동화 시대가 급속히 도래하고 있으며, 오늘의 부모들은 자식들이 자신들을 먹여살리기 위해 더 이상 일할 필요가 없는 세상을 만들어 가고 있다.

   또한 여성들도 정보에 밝아야 할 필요가 있으며, 여성들의 돈으로 부자가 되고 있는 피임약 판매업자에게 이용 당하는 것을 멈추어야 한다. 최근 피임약을 대체할 수 있도록 제조된 백신이 있는데, 그 약효는 피임약의 부작용 없이 1년 내지 3년 동안 지속된다. 주목할 점은, 제약회사가 그 백신을 개발도상국들에만 제공하기로 결정했다는 것이다. 왜냐하면 백신의 가격은 비교적 싼 반면에, 종래의 피임약은 매일 사용해야 되므로 제약회사에게는 막대한 이익을 주는 금광이기 때문이다! 우리는 단지 백신이 너무 싸서 이득이 안 된다는 이유로, 금전적 이해관계가 여성들에게서 그런 중요한 과학적 발견을 누릴 기회를 빼앗는 이와 같은 상황을 용납해서는 안 된다!

재판

재판은 천재정치가 존중되어야만 하는 또 하나의 영역이다. 재판관이 더 지성적이라는 확신없이, 한 사람이 다른 사람을 재판하는 것을 어떻게 용납할 수 있는가? 한 사람의 천재가 우둔한 자들에게 재판 받는 것이 상상이나 할 수 있는 일인가? 그러나 이런 일이 바로 지금 일어나고 있으며, 불행하게도 이제까지 언제나 그래왔다. 가벼운 범죄의 경우, 선거권을 가진 사람들만 재판할 권리를 가져야 한다. 중범죄의 경우에는 피선거권자들, 즉 천재들 중에서 배심원들을 선발해야 한다.

현재 범죄인에게 선고하는 형벌은 범죄를 방지하기 위한 실질적인 방법이라기보다는 복수에 더 가깝다. 범죄자를 감옥에 가둔다고 해서 고칠 수는 없으며, 그렇게 하면 오히려 그들을 더 냉혹하고 격렬하게 만들 뿐이다. 그 대신, 폭력범죄를 저지른 사람들을 치료할 수 있는 과학적 방법이 있다.

멕길(McGill)대학의 하인츠 레만(Heinz Lehmann)박사는 두뇌에 자연적으로 존재하는 어떤 화학물질이 과도한 공격성을 억제하여 폭력성을 감소시킨다는 사실을 발견했다. 폭력적 범죄자들에게 이 약물치료를 언도하는 편이 훨씬 더 합리적이며, 감옥에 가두는 것과 비교하면 그들에게 정말로 긍정적인 효과를 줄 것이다.

사실 범죄가 행해진 후에 개입하기보다는 범죄성을 예방하는 편이 훨씬 더 바람직할 것이다. 청소년들에게서 공격성을 유발하는 화학물질의 레벨을 측정함으로써, 그들이 끔찍한 범죄를 저지르기 전에 반 공격성 약물을 처방하여 교정하는 것을 예견해볼 수 있다.

어떤 사람은 이것을 세뇌라고 말할지 모르겠지만, 이것이야말로 우리 사회가 범죄자들을 10년이나 20년 동안 감옥에 가둠으로써 이루고자 하는 것이 아니던가? 그런 방식으로 우리 사회는, 결국 소용없다고 판명된 길고 고통스러운 세뇌과정을 통해 범죄적 성향을 교정하고 살인자의 성격을 변화시키려고 애쓰고 있지 않는가? 그 효과를 정기적으로 관찰할 수 있는 화학적 치료는 수 년 동안 감옥에 가두는 것보다 현저하게 덜 야만적일 것이다.

억압받고 있는 청소년들

아동학대 문제도 있지만, 이 장에서 내가 말하려고 하는 바는 이에 국한되지 않는다. 중요한 점은 청소년들이 투표권을 갖게 되는 18세 생일 때까지 모두 성숙되고 개화되도록 보장해야 한다는 것이다. 그 목적을 위해서는, 그들이 적어도 그 4년 전부터 친밀한 인간관계를 경험할 필요가 있다. 달리 표현하자면, 청소년들은 14세 때부터 그들의 부모들에게서 독립적으로 성적, 정치적 및 종교적 생활을 누릴 권리를 가져야 한다는 것이다.

그러므로 오늘날 피임법의 발전으로 성적 자유가 가능하게 된 점을 고려하여, 청소년들에게도 자신들만의 성생활을 누릴 권리가 있음을 인정해야만 하며 또 18세 이상의 성인과 18세 미만의 미성년자 간의 성관계를 범죄화하는 법률을 폐지해야만 한다.

또한 청소년들이 부모 동반 없이 혼자 부인과 의사와 그것도 무료로 상담할 수 있게 허용되어야만 하며, 그리고 피임법을 사용할지 말지 스스로 선택할 수 있는 자유를 주어야만 한다.

또한 청소년들이 부모의 동의없이 모든 종교적 또는 정치적 조직에 참가하는 것이 허용되어야 한다.

14세 이상의 청소년에게는 부모든 교사든 체벌을 가하는 것이 금지되어야 한다.

청소년들이 자신의 외관을 선택할 권리, 즉 복장이나 헤어스타일 등을 자유롭게 선택할 권리를 갖고 있음을 인정해야만 한다.

가정에서 불편함을 느끼는 청소년들이 입주하여 부모의 감독을 받지 않고 생활할 수 있는 공동시설이 설립되어야 한다. 부모가 이혼할 경우에는, 부모 중 누구와 함께 살지 청소년들이 선택하도록 허용해야 한다.

기숙학교에 가는 것을 원하는지 아닌지 선택할 수 있는 권리를 청소년들에게 인정해 주어야 한다.

청소년들의 성적표는 폐지되어야 한다.

개화 센터의 설립

모든 사람이 자신이 가진 잠재능력의 최대한도까지 자기개화할 수 있도록 세계의 모든 대도시 및 모든 지역에 육체와 정신의 각성과 개화를 위한 센터를 설립해야 한다. 가정환경에서 오는 장애 때문에 자기개화 할 수 없었던 사람도 그곳에서 장애로부터 해방되어 자신의 잠재능력을 최대로 실현할 수 있을 것이다. 그로 말미암아 7년 후 그들이 다시 테스트를 받을 때에는 선거권자 혹은 그 이상으로 피선거권자가 되는 것도 가능할 것이다.

이 센터에서는 심리학자, 성과학자, 철학자 등 전문가의 지도 아래, 사람들은 잘못된 관념들을 제거하고 다양한 명상기법을 통해 무한을 향해 마음을 열어젖힘으로써 자기발견의 길을 따라 발전해 나갈 수 있을 것이다.

심리적인 장벽의 제1요소인 성의 개화에 대해 먼저 노력하고 다음에는 감각의 개화에 대해서도 더욱 힘쓰지 않으면 안 된다.

화폐는 언젠가 폐지될 것이고, 인간은 장차 어떤 컴플렉스도 느끼지 않고 자유롭게 성을 충족시킬 수 있게 될 것이다. 이 센터가 매춘을 완전히 없애는 열쇠가 될 수도 있을 것이다. 실제로 거기서 남성과 여성이 자유로이 만나 상대방에게 기쁨을 주는 것 외에 다른 어떤 조건도 없이 상호 동의하에 성적 관계를 즐길 수 있을 것이다. 심리학자나 성과학자가 자신의 취향을 결정하는 데 가장 많은 문제를 가진 사람들을 지도하여 그들이 자신의 취향과 같은 성향의 파트너를 찾는 데 도움을 줄 수 있을 것이다.

나아가 이곳에서는 성교육이 행해지면 더욱 좋을 것이다. 왜냐하면 학교 교사들은 자기자신의 성에 관해서조차 부끄러워하고 또 억제되어 있기 때문에, 성교육의 실시를 피하거나 혹은 하더라도 매우 질이 낮다. 이 센터에서는 전문가들이 "성은 어떻게 작용하는가"에 대한 딱딱한 사실을 가르칠 뿐만 아니라 성의 부드럽고 감각적인 면들도 보여줌으로써 학생들은 성을 즐기는 방법과 상대에게 기쁨을 주는 방법을 모두 배울 수 있는데, 이것이 훨씬 더 중요하고 개화를 위해 필요하다.

이와 같은 감각 교육은 처음에는 이론상으로 가르칠 수 있을 것이다. 그런 다음, 청소년들도 자신의 성생활을 즐길 권리가 있다는 명제하에 원하는 사람들을 위해 실습으로 진행될 수 있을 것이다. 즉, 그들은 자유롭고 독립적으로 상호동의하는 파트너를 선택하거나 혹은 육체적 및 정신적 개화에 도움이 될 수 있음이 보증되고 또 그런 이점이 있는 방식으로 전문가들의 감독하에 성을 배울 수 있을 것이다.

이렇게 하면, 어린 소녀들과 무지한 소년들에게 철저하고도 돌이킬 수 없는 트라우마를 안겨준 대부분의 난폭하거나 서투른 행위들은 거의 완전히 근절될 수 있을 것이다. 이와 같은 교육은 또한 오늘날 낙태로 끝나거나 혹은 더욱 나쁘게는 미숙한 가족을 꾸린 부담에 어린 소녀들의 청춘을 완전히 낭비하게 만드는 엄청난 수의 원하지 않는 임신을 없앨 수도 있을 것이다.

그리고 주로 청년들의 약 80%가 생애 첫 성경험을 매춘부와 갖는 데서 기인하는 우리 시대의 재앙, 즉 만연한 성병이 거의 완전히 퇴치될 것이다. 현대적 피임법은 젊은이들이 아무런 위험없이 그리고 불결한 매춘업계가 아니라 또래 무리에서 자유롭게 선택한 파트너와 성의 기쁨을 발견하면서도 건강을 지키도록 해줄 수 있다.

과학의 은혜에 의한 자연으로의 복귀

어떤 사람들은 자연으로 돌아가서 자유를 회복하고 자연의 구성요소들과의 교감을 되찾기 위해서는 과학을 거부해야 한다고 생각한다. 그러나 그것은 잘못된 것이다! 최초에 인간은 생존을 위해 자연의 횡포에 맞서 싸워야만 했다. 그것은 그들의 삶에서 매일 매순간 매달려야 했던 모든 것이었다. 사냥이나 고기잡이를 위한 가장 간단한 도구를 만드는 데도 몇 시간이나 걸렸고, 농사용 연장을 만드는 데는 훨씬 더 오래 걸렸다.

다음으로 산업시대가 되자 인간은 공장이나 사무실에서 시간을 보내지 않으면 안 되었다. 비록 자연으로부터 떨어져 있었지만, 그곳에서는 최초로 하루 몇 시간씩 그리고 일년에 몇 달씩이나 순전히 생존에 집중하지 않아도 되는 시간을 갖게 되었다. 일상적인 잡다한 일은 가사용 발명품들 덕분에 가벼워졌다. 쪼그리고 앉아 차가운 물에 손을 담그고 빨래하는 데 매주 3시간을 소비하는 대신 오늘날에는 세탁기에 분말세제를 넣고 버튼을 누르기만 하면 되는 것이다.

과학과 발전을 거부하는 것은 그것이 가져다주는 혜택을 거부하고 쪼그리고 앉아 손빨래하던 시절로 되돌아가기를 바라는 것이다. 아직도 옛시절에 대한 향수를 지닌 남성이 있다면, 그것은 그가 한번도 직접 손빨래를 해보지 않았기 때문일 것이다. 그리고 그 시절로 돌아가기를 바라는 여성이 있다면, 그것은 옛날이 정녕 어떠했는지 그녀가 모르기 때문일 것이다. 그런 사람들에게 그것은 귀여운 염소가 있는 시골이며 그들이 주말에만 놀러가는 아담한 시골 별장과 그 정원의 감자들인 것이다. 하지만 과학과 발전을 거부할 경우 우리는 매일 아침 새벽에 일어나 손으로 염소 젖을 짜야하며, 염소들의 겨울 먹이를 위해 역시 손으로 건초를 베어야 하고, 다시 손으로 감자를 캐야 하고, 난방용 땔감으로 쓸 나무를 베어야 하고, 입을 옷과 작업복들을 만들기 위해 바느질 해야만 한다. 그러면 책을 읽거나, 글을 쓰거나, 그림을 그리거나, 영화를 보러 가거나, 기타 어떠한 오락을 즐기거나 개화에 필요한 시간은 1분도 남지 않게 된다.

안 된다. 시계를 거꾸로 돌리기를 바라는 대신, 우리는 과학적 발전의 길을 계속 나아가야만 한다. 과학은 결국 인간이 자연으로 돌아가게 해줄 것인데, 이번에는 자연에 지배 당하는 것이 아니라 자연을 즐기기 위해서이며 게다가 생활을 축내는 불편함도 없다. 노동이 완전히 자동화되어 화폐의 필요성이 사라지게 되면 인간은 자연으로 돌아가 그 속에 살 수 있게 된다. 그때는 그냥 자연과 교감하며 그 구성요소들과의 조화 속에서 자기개화하는 것 외에는 다른 어떤 것도 할 필요가 없을 것이다. 그런 날이 오면 염소를 기르거나 감자를 심고 싶은 사람들은 자유롭게 그렇게 할 수 있을 것인데, 그것은 그들의 아이들에게 먹이기 위해서가 아니라 단순히 그로부터 성취감을 느끼기 때문이다.

세계어의 창안

지구의 모든 주민들이 진정으로 통합되기 위해 필요한 가장 중요한 요소들 중 하나는 세계어의 창안이다. 우리 세계는 우주(universe)가 아니기 때문에 이것을 우주어(universal language: 만국공통어)가 아니라 세계어(world language)라 불러야 한다.

에스페란토를 비롯하여 몇몇 후보들이 이미 제시되어 있다. 하지만 유감스럽게도 그것들은 모두 그리스어와 라틴어에 기반을 두고 있는데, 그 때문에 인류의 반 이상을 차지하고 있는 아시아인들은 그것을 전적으로 받아들일 수가 없다. 중국인과 일본인들이 라틴어 기반의 언어에 대해 관심이나 갖겠는가?

그건 안 된다. 지구의 모든 주민들이 받아들일 수 있는 진정한 세계어를 창안하는 유일하게 현실적인 길은, 그것을 배우는 데 있어 아무도 더 불리하지 않을 전혀 새로운 언어를 창안하는 것이다. 말하자면, 그것은 현재 사용되고 있는 어떤 언어에도 기반해서는 안 되며 완전히 새로운 것이어야만 한다는 의미이다.

우리는 가능한 한 빨리 최고 언어전문가들을 한자리에 불러모아서, 그들이 컴퓨터를 이용하여 장차 모든 인간이 쓸 수 있는 새로운 세계어를 창안하게 해야만 한다.

모국어 및 지역 방언들과 함께 (지역 문화의 풍부함을 보존하기 위해서는 방언이 여전히 필요하다), 새로운 세계어를 학교에서 세계 모든 아이들에게 제1언어로 가르쳐야만 한다.

   그와 동시에 국가(國歌)는 폐지되고 세계가를 작곡하기 위해 세계 모든 예술가들이 참가할 수 있는 거대한 대회가 열리게 될 것이다. 이 세계가는 모든 사람들의 마음에 행성적 의식이 확고하게 자리잡을 때까지 모든 공공행사에서 연주될 것이다.

   깃발에 대해서도 같은 방식으로 접근할 수 있을 것이다. 국기는 폐지되고 세계기, 즉 인류기를 위한 최상의 디자인을 찾는 전 지구적 대회가 열릴 것이다. 이 세계기는 각 지역기와 함께 모든 공공건물들 위에 그리고 모든 행사에서 게양될 수 있을 것이다.

과학의 보급

"벼룩처럼 수컷 없이도 재생산할 수 있는 특성을 축적한 이상한 두발동물은 어떤 바다연체동물처럼 멀리서도 암컷을 수정시킬 수 있고, 소드테일이라는 물고기처럼 성을 바꿀 수 있고, 지렁이처럼 몸을 분열할 수 있고, 도롱뇽처럼 잃어버린 부분을 새로 만들 수 있고, 캥거루처럼 모체 밖에서도 발육할 수 있고, 고슴도치처럼 동면에 들어갈 수도 있다."

신인간의 정의, homo-biologicus: 생물학을 정복할 능력을 갖춤
...쟝 로스탕(Jean Rostand)

당신이 거리에서 어떤 사람에게, 우리는 곧 실험실에서 살아 있는 생명체를 창조할 수 있고, 말하고 듣고 음악을 작곡하고 자기재생할 수 있는 컴퓨터를 만들 수 있으며, 사후에 세포 하나를 복제하여 재생시킴으로써 영원히 살 수 있게 될 것이라고 말한다고 상상해보자. 그러면 듣고 있던 사람은 당신이 완전히 미쳤다고 생각하고 또한 당신에게는 휴가가 필요하다고 생각할 것이다.

그러나 이 모든 일은 지금 이미 일어나고 있거나 막 일어나려 하고 있으며, 현실의 과학자들이 이와 같은 프로젝트를 전력을 다해 연구하고 있다.

그러면 길에서 만난 사람이 믿고 있던 가능성과 과학적 현실 사

이에 왜 이렇게 큰 차이가 있을까? 길에서 만난 그 사람에게는 이해할 수 있을 만큼의 충분한 과학 교육이 결여되어 있는 것이다.

종교 프로그램의 방송 시간이 과학 다큐멘터리보다 더 길다는 것이 우리 시대에 어떻게 가능하단 말인가? 그렇게나 많은 몽매주의자들과 죄악감을 유발하는 신흥종교들이 쏟아져 나오는 것도 놀랄 일이 아니다. 종교 프로그램이 방송될 때마다, 가령 일요일 아침에, 무신론적 논조의 과학 다큐멘터리도 동일한 시간 분량 만큼 방송해야 한다. 예를 들면, 그런 다큐멘터리 프로그램에서 과학자들은 지금 이 순간에도 생명을 창조하기 위해 실험실에서 연구하고 있다고 설명할 수 있을 것이다. 그럼으로써 종교가 주장하는 독점권, 즉 신만이 생명을 창조할 수 있다는 주장에 균형을 맞출 수 있을 것이다. 이와 비슷하게, 종교적 성향의 영화가 방영될 때마다 무신론적 과학자들로 구성된 패널이 일종의 사상적 반론권을 행사하는 프로그램이 방송되어야 한다.

교육도 마찬가지로 과학 과목에 더 많은 시간을 배정해야 하며, 이는 초등학교부터 바로 시행되어야 한다. 우리는 아이들을 일요학교에는 보내지만 현대 생물학이나 컴퓨터 기술의 놀라운 면모를 보여줌으로써 아이들을 일깨우는 일은 전혀 하지 않고 있다.

어린이들의 정신은 아직 민감하고 외부의 영향을 받기가 아주 쉬운데, 그들은 부모와 전문 조직 양쪽에게서 체계적으로 종교적 세뇌를 당하고 있다. 어린이들에게 종교 교리시간 만큼 많은 과학교육을 제공하고, 아직 너무 어려서 스스로 이룰 수 없는 균형잡힌 관점을 그들의 두뇌에 회복시켜 줌으로써 그들을 이런 세뇌로부터 보호하는 것이 중요하다.

책임질 수 있는 개인에게 종교적 자유는 필수적이지만, 암묵적이건 노골적이건 제도화된 길들이기는 용인될 수 없다. 일반학교에서 조차 어린이들에 대한 종교적 길들이기가 그토록 심한 까닭에, 우리는 종교학교가 얼마나 부적절한 학교일지 잘 이해할 수 있다. 그러므로 종교학교는 폐지되어야만 한다.

로켓을 타고 달에 갈 수 있음을 알고 있으면서도, 기도를 열심히 하면 하늘나라에 갈 수 있다고 어린이들에게 가르치는 것을 어떻게 정당화시킬 수 있단 말인가? 비록 부모들이 그런 것을 가르치도록 주장하더라도 학교는 균형을 잡아주어야만 한다. 학교는 우리가 달에 갈 수 있다고 아이들에게 설명해주어야 할 뿐만 아니라 지구에는 많은 다른 종교들이 있고, 각 종교의 가르침은 서로 다르고, 따라서 한 종교가 다른 종교들보다 뛰어나다고 아무도 말할 수 없으며, 특히 많은 사람들이 아무 종교도 믿지 않으면서도 별일없이 잘 지내고 있음을 설명해 주어야만 한다.

예를 들면, 과거 '기적'이라고 생각되었던 것들이 현재의 과학 또는 가까운 미래의 과학으로 합리적으로 쉽게 해명될 수 있음을 어린이들에게 설명해주어야 한다. 원시인들에게 전등처럼 간단한 도구로 놀라움을 주는 것이 가능하다면, 소위 '문명인'들에게 레이저 빔이나 삼차원 투사 같은 보다 세련된 기술로 놀라움을 주는 것도 아주 쉬운 일이다.

전통종교들에 기록된 모든 기적은 현재의 과학적 해석에 의해 설명될 수 있고 또 설명되어야 한다. 그렇게 하면, 지구보다 진보한 문명세계에서 하늘을 나는 기계를 타고 온 방문자들이 2천년 전 원시적 사람들에게는 '불마차'를 타고 온 '신'들로 여겨졌을 것이라는 점이 명백해진다. 삼차원 투사는 '유령'으로 여겨졌을 것이고, 우주선을 타고 하늘에서 내려온 존재는 '천사'로 생각되었을 것이고, 오늘날 우리가 '복제'라고 부르는 과정, 즉 죽은 생명체가 세포 하나로부터 재생되는 모습은 기적적인 '부활'로 보여졌을 것이다.

이것은 어린이들이 어떤 것을 믿는 것을 방해하려는 것이 아니라, 그들이 자신의 믿음을 스스로 선택할 수 있는 수단을 제공해주고자 하는 것이다. 어린이들이 스스로 선택할 수 있게 하려면, 전통적이고 관습적이며 일방적인 길들이기로부터 그들을 보호해야만 한다. 자유롭게 선택한 깊은 신앙은 아름답지만, 전제주의적인 세뇌교육은 혐오스럽다.

자유, 그리고 자유의 존중

2천년 전에는 규범을 어지럽히는 사상을 지닌 사람들을 십자가형에 처했고 400년 전에는 화형에 처했지만, 오늘날에는 그런 사람들을 정신병원에 가둔다. 그리고 집행자들은 망치와 화형용 말뚝과 못 대신 흰 가운을 걸치고 있다. 과거에 종교와 도덕의 이름으로 행해졌던 것이 이제는 정신건강을 가장하여 자행되고 있는 것이다. 대중의 통제를 유지하기 위해 이용되었던 교리는 조작된 과학으로 바뀌었다. 이제는 더 이상 '캘빈파' 신교도들을 '강제 개종'시키지 않지만, 그 대신 그런 사람들을 '강제 표준화'시킨다.

이런 내용을 읽고 있는 많은 독자들은 소련의 반체제 인사들을 떠올리겠지만, 이것은 그런 먼 나라의 이야기가 아니다. 멀리서 울부짓는 늑대 소리가 당신의 발밑에서 뱀이 쉿쉿 거리는 소리를 듣지 못하게 방해하면 안 된다.

1977년 현재, 프랑스와 같은 소위 '민주주의' 국가들에서도 누구든 정신병원에 감금될 수 있다. 자신이 미치지 않았음을 증명하는 일은 그렇게 갇힌 사람들의 몫인데 이것은 아무리해도 쉽지 않은 일이기도 하거니와, 나쁘게는 판사와 배심원의 역할을 동시에 맡는 정신과의사들로 구성된 패널 면전에서는 불가능한 일이다.

실제로 현재 모든 시장은 자기 구역에서 공공질서를 위협할 수 있다고 간주되는 사람은 누구든 지역 정신병원에 억류하여 검사할 수 있다. 어떤 사람이 공공질서를 위협하는 것이 아니라 단순히 시장의 지위에 도전하고 있다고 상상해보자.

그러면 그는 정신병원에 갇힐 수도 있을 것인데, 그 무고한 희생자는 그런 입원절차에 대해 엄청나게 격분할 것이기 때문에 틀림없이 정신과의사들로부터 위험한 사람으로 판단되어 한동안 억류될 것이다. 이로 인해 그 도전자의 정치적 경력은 망가질 것이고, 그가 겪을 되돌릴 수 없는 정신적 충격의 트라우마는 언급할 필요조차 없다.

이런 일은 사법제도와 동떨어져 일어날 수 있는데, 심사위원회가 열릴 필요도 없고 희생자는 아무런 잘못을 범하지 않았는데도 당하는 것이다!

이것은 정확히 소련에서 일어났던 그대로이며, 이런 것은 아주 예술적인 경지로까지 발전하여 이제는 일상적인 일이 되어 있다. 하지만 똑같은 일이 내일 프랑스에서도 일어날 수 있을 것이므로, 우리는 그런 일이 일어나기 전에 조치를 취하지 않으면 안 된다.

그런 사태가 일어난 후에 조치를 취하는 것은 체제전복행위로 간주되어, 관련자들은 정신과 치료가 필요하다고 진단될 수도 있을 것이다.

우리는 너무 늦기 전에 어떻게 대처할 수 있을까? 우선, 아무런 잘못을 범하지 않은 타인을 정신병원에 가두라고 요구할 권리는 어느 누구에게도 없다는 점을 확실히 해두어야만 한다.

다음으로, 어느 누구든 정신병원에 감금되기 전에 반드시 당사자가 자신의 행위를 변호할 수 있는 공개 심판이 열리도록 조치해야 한다. 특히 당사자에게는 자신을 변호해줄 정신과의사를 선임할 수 있도록 허용되어야만 한다. 그러면 그 의사는, 심판의 당사자가 괴짜일지는 모르지만 (이것은 유리한 점이 될 수 있다) 사회에 실질적인 위험을 주지 않는다고 정신과 심사위원회에 증명해줄 수 있을 것이다.

오직 타인에게 위험을 주는 물리적 행위만 방지해야 한다. 그러나 어떠한 사상도 억압해서는 안 되며, 도덕적으로 위험하다는 구실로 그렇게 해서는 더욱 안 된다. 왜냐하면 그런 억압은 필연적으로 현대판 종교재판과 반체제자에 대한 마녀사냥으로 변할 것이기 때문이다.

정신과 심사위원회는 검사역 정신과의사 1인, 재판관역 정신과의사 3인 및 가능하다면 피선거권자인 배심원 1인, 즉 천재단에서 뽑힌 배심원 1인으로 구성되어야 한다.

다른 재판 절차와 마찬가지로, 만약 환자가 정신병원 구금이 합당하다는 판결을 받는다면 그는 항소할 수 있고 또한 다른 심사위원회에서의 심판을 요구할 수도 있을 것이다. 두번째 심사위원회의 청문이 있을 때까지, 그는 첫 심판정에 출석하기 전에 비난받을 행위를 범했을 경우에만 구금될 것이다.

나아가, 치료기간 동안 변호인역의 정신과의사는 치료방법 및 치료의 진척에 따른 퇴원 요구와 관련하여 제반 문제들을 대행하며 환자를 도울 수 있을 것이다. 이와 같은 도움은 개성박탈 시도를 차단하기 위한 추가적인 보장 장치가 될 것이다. 또한 가능한 한 빨리 그 시설에서 나갈 수 있도록 돕는 누군가 공정한 사람으로부터 지원을 받고 있다고 느끼는 것은 환자의 치료를 촉진할 수 있는 중요한 요소로 작용할 것이다. 이런 도움은 또한 환자가 전혀 친밀감을 느끼지 않을 담당 정신과의사가 기분내키는대로 환자의 퇴원 여부를 결정하는 문제를 방지할 수 있을 것이다.

폭력성을 제거하는 것은 바람직하지만, 다른 사상을 가진 사람의 개성을 박탈하는 것은 감금한다든가 화학적, 수술적, 기타 어떤 방법으로 행하든 범죄행위이다.

대다수가 가진 사상과 다른 사상에 대해 관용을 보이지 않는 경향은 극도로 위험한데, 이런 일이 프랑스에서 고조되고 있다. 프랑스에는 사상과 표현의 자유에 대한 존중이 확연히 결여되어 있다.

어느 운동선수가 자신의 생각, 즉 스포츠계를 지배하는 당국자들의 견해와 일치하지 않는 반체제적인 발언을 했다고 해서 그의 경기활동이 방해빋는다면, 그것은 파시슴이다. 국가조직이 그런 억압수단을 사용하는 것은 우려스러운 일로서, 기 드류의 예는 가장 나쁜 종류의 억압, 즉 사상의 억압이다. 더욱 나쁜 일은 그것에 대해 아무도 반응하지 않았다는 것인데, 사상의 자유를 얼마나 존중하는지 전세계에 대놓고 자랑하는 나라에서 아무도 이 억압행위에 대해 맞서지 않았던 것이다.

억압을 행사한 자들은 자신의 지위에 머물 자격이 전혀 없으며, 더 이상 권력을 휘둘러서는 안 된다. 불관용과 파시즘에 대해 무관심한 자들과 반응하지 않는 자들은 공범이다. 동일한 불관용의 공범들이 언젠가는 그들 자신을 덮칠지 모른다. 그것은 스포츠연맹에서 시작되었지만 강제수용소에서 끝날 것이다.

여론의 규격화 : 가장 큰 위험

우리 머리 위에 그림자 처럼 드리워진, 자유에 대한 가장 큰 위협은 텔레비전이다. 반면에, 현명하게 사용된다면 텔레비전은 모든 사람이 즉시 이해할 수 있는 행성적 의식을 창출함으로써 전세계인들을 통합하는 가장 소중한 도구들 중 하나가 될 수 있다. 텔레비전을 통하여 사람들은 지구 모든 곳에서 일어나는 모든 일들에 관심을 가질 수 있다. 그것은 일종의 전인류적 중추신경 시스템이라고 표현할 수도 있을 것이다.

텔레비전의 위험성은 대중의 반응에 영향을 줄 목적으로 재편집되거나 편파적인 가짜 혹은 왜곡 정보를 퍼뜨리는 데 사용될 수 있다는 점이다. 점점 더 많은 사람들이 텔레비전이 주는 정보에 영향을 받고 있으므로, 오늘날 진정한 저널리스트라면 더욱더 공정해야 하며 시청자들에게 오직 기본적인 정보만 제공해야 한다. 하지만 정보를 보여주는 스타일은 더욱더 주관적으로 변하고 있으며, 프로그램 신행사들은 보여준 모든 것에 대해 자기 자신의 의견을 주입함으로써 송출되는 정보를 오염시키고 있다.

물론 그들은 정치적으로 부정확한 것에 관해 발언하면 책임을 모면할 수 없음을 잘 알고 있기에 그런 주제들을 영리하게 피해가고 있다. 하지만 다른 주제들에 관해서는, 그 중요성이 간접적으로 매우 클지라도, 그들은 완전히 편파적인 자신의 의견과 가치관을 제멋대로 쏟아내고 있다. 이것은 물론 그들의 의견에 동의하지 않는 사람들을 화나게 만들고, 동의하는 사람들을 기분좋게 만든다. 그러나 더욱 심각한 점은, 그 주제에 관해 스스로 생각해본 적 없는 대다수 시청자들에게 그런 방식으로 그들의 의견을 '주입'한다는 사실이다. 방송을 본 후 그 시청자들은 '텔레비전에 나온 그 사람'이 그들에게 말해준 내용에 근거해서 자신의 의견을 말하게 될 것이다.

여론이 규격화 되는 문제는 잠재적으로 매우 심각한 일인데, 왜냐하면 그것은 국가에 의해 조직되는 사상의 규격화로 발전할 수 있기 때문이다. 이에 대한 해결책은, 텔레비전이 아무런 코멘트도 달지 않고 가공되지 않은 정보만을 방송하도록 확실히 조치하면 될 것이다. 그리고 또한 각 프로그램마다 해당 주제의 부정적인 면을 해설해주는 사람과 긍정적인 면을 해설해주는 사람 각 1인씩, 완전히 공정한 2인의 전문가를 배정하는 것이다.

균형잡힌 정보가 제공되면, 대중은 멍청이나 몽매주의자들의 일방적인 의견에 길들여지지 않고 자신의 마음을 정할 수 있을 것이다. 이와 같이 모든 종류의 정보는 중립적인 저널리스트에 의해 먼저 제공되고, 그 다음에는 '검사' 역의 저널리스트와 '변호사' 역의 저널리스트가 해설하면 될 것이다.

그러면 우리는 어리석다기보다는 더욱 우려스러운 이 문구, 즉 "우리는 (이런저런 문제에 대해) 어떻게 생각해야 하는가?" 라는 말을 다시는 듣지 않게 되리라는 희망을 가질 수 있을 것이다. 대신에, 그 말은 "우리는 어떻게 생각할 수 있을까?"라는 보다 긍정적인 문구로 바뀔 것이다. 실제로, 우리는 무엇이든 좋아하는 대로 생각할 수 있으므로 어떻게 생각해야 될 '의무'는 없다.

우리가 의무적으로 생각해야할 것들이 TV나 신문에서 매일 발표되는 것을 듣게 된다면, 그때는 사상의 자유가 위험에 빠져 있는 때이다. 그러나 아직 아무도 반응을 보이지 않고 있다. 하지만 이제 우리가 반응할 때가 되었다.

어떤 특정한 방향으로 "생각하지 않으면 안 된다"라고 우리가 믿는 순간부터, 우리는 우리 생각대로 생각하지 않는 사람들을 '반체제자'라고 간주하게 된다.

황금시대

과학자들과 매일 '길에서 보는 사람' 사이에 확대되는 지식의 격차는 대부분의 사람들이 우리 삶을 수년내에 완전히 혁명적으로 변화시킬 놀라운 일들에 대해 아무것도 모른다는 사실을 말해준다.

실험실에서 생명이 창조될 것이라고 누가 말하면, 대부분의 사람들은 웃는다. 그들은 그런 일이 불가능하다거나 혹은 몇 세기 후에나 일어날 것이라고 생각한다. 하지만 바로 지금도 수십 군데의 실험실에서 이 프로젝트를 열심히 연구하고 있고, 과학자들의 목표는 향후 10년 이내에, 즉 바로 내일이라도 그것을 달성한다는 것이다.

내일의 우리 세계는 어떤 모습일까? 실제로 세상의 변화는 너무나 빠르고 또 가속화 되고 있기 때문에, '내일 아침'의 세계 혹은 '오늘 저녁'의 세계라고 표현하는 것이 더 정확할 것이다. 이에 대해 우리가 함께 생각해 보려고 하는데, 우선 어떠한 예측이라도 틀림없이 현실에 의해 추월된다는 점을 마음에 새겨두어야 한다.

우리가 기후를 조절할 수 있게 됨으로 해서 지구는 진정으로 낙원이 될 것이다. 자유자재로 비가 내리게 만들 수 있고, 따라서 사람들의 생활에 방해가 되지 않도록 밤에만 비가 오게 조정할 수 있을 것이다.

노동이 완전히 자동화될 것이므로, 사람들은 춥고 불편한 지역에 살 이유가 없어질 것이다. 따라서 나라들마다 따뜻하고 쾌적한 기후대의 거주구역, 온화한 기후대의 농경구역 및 불편한 기후대의 공업구역 등이 생길 것이다.

인간의 수명은 빠르게 늘어나서 평균 130세가 될 것이다. 그리고 몇년 후에는 수명이 700세 정도로 늘어날 것이다. 사람들은 자신의 세포 속에 포함된 DNA 정보로부터 사후 재생될 것을 선택할 수 있게 됨으로써, 마침내 일종의 '불사'가 실현될 것이다. 이런 과정을 복제라고 부르는데, 과학자들은 이 기술을 이미 식물 및 작은 동물들에 사용하고 있다.

지구상의 서로 다른 민족들이 같은 정부, 같은 생산수단 및 같은 언어를 갖게 될 것이기 때문에, 모든 사람들은 완벽히 사이좋게 살아갈 것이다.

엔터테인먼트의 하나로 오감을 모두 포함하는 영화가 만들어질 것인데, 즉 현재 우리에게 익숙한 음향과 영상 뿐만 아니라 후각, 미각, 촉각까지 표현되는 것이다. 이것은 특수 파동을 이용하여 감각들을 두뇌에 바로 전달해주는 장치를 통해 실현될 것이다. 영화 필름에는 시청각 정보에 추가하여 다른 감각에 관한 정보도 담기게 되는 것이다.

생물로봇이 대량으로 생산되어 모든 사람이 개인용으로 몇 개씩 갖게 될 것이다.

교육은 화학적으로 시행될 것이며, 수십년간 학교에서 고생스럽게 공부한 내용을 단 몇 분만에 획득할 수 있을 것이다.

분자생물학에 기반한 새로운 의학 덕분에 모든 질병이 퇴치될 것이다.

원한다면, 사람들은 자녀들의 개성을 자신의 특별한 기호나 사회적 필요에 따라 '메뉴에서 고르듯' 선택할 수 있게 될 것이다.

모든 사람은 우리가 모두 그 일부가 되는 무한과 조화할 수 있기 위해 자신의 시간을 내면을 개발하는 데 쓸 수 있게 될 것이다.

매우 중요한 유념사항

이 책에서 제안된 모든 것들은 단지 아이디어에 불과하다는 점을 유념하는 것이 매우 중요하다. 인류를 위해 봉사하는 데 천재들을 배치하는 세계천재정치와 관련하여, 지구를 인종, 종교, 문화 또는 지성수준에 대한 편견없이 모든 사람들을 위한 행복과 정의와 개화의 세계로 만들기 위한 개혁을 제안하고 실행하는 것은 천재들 자신에 달려 있다.

무엇을 해야할 지 천재들에게 지시하려고 시도하는 것은 천재정치 그 자체에 위배되는 행위일 것이다. 이 책에서 아이디어들을 제시한 필자는 발명가회의에 참여할 자격이 있다고 간주되기를 희망하는데, 그 기구의 역할은 바로 세계천재정치회의가 현명하게 판단할 수 있도록 새로운 아이디어를 제출하는 것이기 때문이다.

제 3 장

세계천재정치정부의 창설

지구의 천재들을 향한 호소

"당신은 원하는 대로 마음껏 정치를 무시할 수 있지만,
정치는 당신을 무시하지 않을 것이다."
...몽뜨랑벨(Montalambert, 프랑스정치가)

전세계의 과학자, 철학자, 예술가들이여, 여러분은 언제나 정치적 및 경제적 권력자들에게 이용당하고 배신당해 왔습니다. 그들은 여러분의 발명을 치명적인 무기로 바꾸었고, 여러분의 예술을 그들 사상의 선전에 이용했습니다. 이제 여러분이 단결해야 할 때 입니다!

흥미없는 프로젝트를 위해 일하도록 강요함으로써 여러분을 억압하는 국가를 버리십시오. 여러분의 연구, 작품 및 발명품들이 다른 어느 누구도 아닌 여러분 자신에게 이익이 될 수 있도록 첫번째 단계로 그 결과를 상품화할 조직을 설립하기 위해 단결하십시오!

여러분의 방정식을 파괴적인 무기에 전용하고 여러분의 계산법을 궤멸적인 미사일에 사용할 수 있기를 기다리며 여러분을 감시하고, 염탐하고, 조사하고 있는 조직을 버리십시오!

적어도 한번쯤은 제네바로 오셔서 여러분과 같은 다른 과학자들을 만나보십시오. 그리고나서 당분간 여러분 각자의 나라로 돌아간 뒤, 세계천재정치정부의 배아 형태인 세계평화센터의 창설에

여러분이 참여할 수 있도록 충분한 자금을 모으십시오.

국경이나 정치, 군사동맹을 초월하여 일어나십시오. 환경단체들이 경고를 해도 주의를 끌지 못하는 것과 같이, 여러분의 목소리를 귀먹은 자들에 허비하지 마십시오. 그 대신, 직접적인 행동을 취하여 세계정부를 창설하십시오.

많은 세계주의자나 연방주의자들은 기존의 국가조직 내에서 일하면서 세계의 통일을 이루려고 노력하는 잘못을 저지르고 있습니다. 그러나 그것은 효과가 없는데, 왜냐하면 국가들은 통치자로서의 지위를 잃고 싶어하지 않는 사람들에 의해 통치되고 있기 때문입니다. 권력을 쥐고 있는 자들은 세계가 분열된 상태로 남아 있어야 경제적 이익을 얻을 수 있으며, 그들은 결코 자신의 지위를 포기하거나 변화를 허용하지 않을 것입니다. 그 대신, 그들은 '주권국의 내정 불간섭'이라는 거짓 구실 아래 현상유지를 더 좋아합니다.

정치가들은 자신의 지위에 따라오는 돈과 명예를 결코 포기하지 않기 때문에, 기존 국가조직 내에서 세계통일을 시도하는 것은 절대로 성공할 수 없을 것입니다.

사실 이미 일어나고 있는 일이지만, 정치가들은 분쟁을 조작하여 국경 양쪽의 국민들로 하여금 '조국을 방어하기 위해' 그들이 필요하다고 생각하게 만들기를 선호하는데, 그럼으로써 국민의 눈에 자신들의 봉급이 정당하게 보이도록 하는 것입니다.

우리는 그들의 머리를 뛰어넘어 가지 않으면 안 됩니다! 현재의 체제에서 풍족하게 지내는 사람들이 자신을 먹여살리는 수단을 파괴하는 데 협조할 것이라고 믿을 만큼 우리가 그렇게 순진합니까? 바로 지금 권력을 쥐고 있는 자들은 별로 지성적이지는 않지만, 자신의 돈줄에 관한 일이라면 멍청하지 않습니다.

이제 안 됩니다. 이 모든 것이 너무나 지저분합니다. 우리는 이 모든 정치경제적 속임수 위로 일어서야 하며, 권력자들에게 물어볼 필요도 없이 그들이 가장 의존하는 원자재인 과학자들과 천재들로 구성되는 세계정부를 직접 창설해야만 합니다.

우리는 전쟁을 유발하는 이 '민족국가'들의 급소를 찔러야만 합니다. 지구의 천재들인 여러분은 그들의 생명을 지탱해주는 혈액입니다. 여러분의 힘과 능력을 자각하고 국가로부터 탈출하십시오. 그리고 함께 단결하여, 권력을 가진 소수 특권층이 아니라 마침내 인류전체의 이익에 이바지할 조직을 창설하십시오.

예술의 창조자들이자 우리 문명의 추방자들인 예술가들이여, 깨어나십시오! 여러분은 단지 경제적으로 부유하지 않다는 이유 때문에 무시당해 왔습니다. 그린 대우를 어떻게 더 참을 수 있겠습니까? 얼마나 많은 젊은 철학자, 화가, 음악가, 건축가들과 또한 문학, 심리학, 연극에 빠진 젊은이들이 굶어 죽도록 방치되었는지, 혹은 자신의 예술을 잊고 풀을 베거나 기타 육체노동을 하며 살도록 강요되었는지 생각해 보십시오. 이는 그들의 창조성이 가져다

줄 열매들을 인류에게서 빼앗은 것입니다. 얼마나 많은 모짜르트, 반 고흐, 프뢰벨 또는 니체가 자신이 하기 위해 태어난 그 일, 즉 창작하는 일을 하는 대신에 광산 갱도의 바닥에서 죽거나 조립생산라인 뒤에서 삶을 허비하다가 죽었겠습니까? 하지만 그들은 예술을 창작하는 일로는 경제적으로 생존할 수 없었고, 그래서 그렇게 된 것입니다.

인간의 행복은 색채, 조화, 형상, 언어의 세계에서 사는 것이지만, 그것으로는 먹고 살 수 없습니다. 어떤 나라들은 예산의 50%를 군사비에 배정하면서도, 예술과 문화에는 0.01% 밖에 쓰지 않습니다! 할 말이 없습니다.

시저, 나폴레옹, 히틀러가 동시대에 살았던 플라톤, 베토벤, 르골뷰제보다 수천 배나 더 많은 돈을 주무를 수 있는 이 세상은 도대체 어떤 종류의 세상입니까?

$E = mc^2 =$ 히로시마

아인슈타인은 그들이 수백만 명을 죽이는 데 그의 계산식들을 이용하기 전에 없애버리지 못한 것을 후회하며 울었습니다.

미국의 과학자들은 인간의 유전자를 인공합성함으로써 DNA의 비밀을 막 뚫었으며, 그들은 실험실에서 인간을 창조할 수 있는 가능성을 기대하고 있습니다. 그러자 군대 지휘관들이 손바닥을 비비며 수많은 병사들 혹은 폭탄에 탑재할 치명적인 바이러스들을 만들 수 있기를 고대하고 있습니다.

이제 그만 됐습니다! 계약을 거부하십시오. 아인슈타인처럼 하지 마시고, 너무 늦기 전에 중단하십시오! 여러분의 연구를 지금 당장 중지하고, 필요하다면 여러분의 방정식을 없애버리십시오. 여러분은 나중에 세계천재정치정부의 연구센터에서 언제라도 그 방정식들을 되살릴 수 있을 것이며, 그곳에는 어떤 군사이익집단도 그 지식들을 훔치기 위해 침투할 수 없을 것이라고 확신합니다.

군인들의 장남감을 빼앗으십시오! 만약 군인들에게만 맡겨두었다면, 그들은 아직도 칼과 활과 화살을 사용하고 있을 것입니다. 하지만 과학자들이 합세했고, 그들은 화약을 발명했습니다. 폭죽은 멋지지만, 군대가 그것을 대포로 바꾸었습니다. 여러분이 내연기관을 발명했더니, 군대가 그것을 전투탱크 만드는 데 이용했습니다. 여러분이 비행기를 발명하자, 그들은 그것으로 폭격기를 만들었습니다. 여러분이 백신을 발명했지만, 그들은 그 기술로 생물무기를 만들었습니다. 이제 그만 됐습니다! 정신을 차리시고 "안 돼!"라고 외치십시오.

그들은 거기서, 여러분의 어깨너머로 살펴보고 있습니다. 여러분은 그들을 볼 수 없지만, 그들은 여러분의 논문들을 구석구석 뒤지고 있습니다. 그들은 발명할 만큼 지성적이진 못하지만 어떻게 여러분을 이용할지 잘 알고 있습니다. 여러분이 그들에게 현자의 돌을 찾아주면, 그들은 그것을 투석기에 집어 넣습니다.

여러분이 그들에게 계속 새로운 장남감을 만들어주는 동안에는,

그들은 여러분에게 직업, 봉급, 직위, 훈장 등 무엇이든 줍니다. 여러분이 활기차게 계속 지식을 생산하게 하는 것, 그것이 국립과학연구소의 모든 목표입니다. 여러분 입장에서는 순수한 마음으로 지식의 경계를 넓혀 나가면서, 여러분이 수행하는 연구와 그 진척에 큰 만족을 얻습니다. 하지만 여러분은 그들이 모든 것을 지켜보고 있다는 사실을 깨닫지 못합니다. 눈을 반짝이며 기회를 엿보는 하이에나 처럼 그들은 여러분을 지켜보고 있다가 지식의 한 조각이라도 테이블 아래로 떨어지면 잽싸게 낚아채어, 무슨 일이 일어났는지 여러분이 미처 깨닫기도 전에 그것을 수천 명의 무고한 사람을 죽이는 데 이용합니다.

그들을 떠나십시오! 모두 단결하여 여러분 자신을 보호하고, 두 번 다시 그런 일이 일어나지 않도록 필수적으로 보장 받아야 합니다.

여러분이 모스크바에 있든 뉴욕이나 북경에 있든, 여러분은 모두 과학자들입니다. 여러분은 사물의 이해와 지식을 추구하는 같은 열정을 갖고 있습니다. 여러분은 인류의 발전을 돕고 더 나은 미래를 만들고자 하는 같은 목표를 갖고 있습니다. 그러므로 정치가들과 그 충견인 군대가 여러분의 연구를 훔쳐 그들의 목적에 사용하도록 내버려두지 마십시오. 우리의 멘토인 아인슈타인 박사의 말을 절대로 잊어서는 안 됩니다. 그는 "만약 내가 알았더라면"이라고 말했습니다. 자, 이제 여러분은 알고 있습니다!

비록 그들이 이미 여러분에게서 많은 지식을 가져가 엄청난 양의 무기를 축적해 놓았을지라도, 포기하지 마십시오. 이제 여러분은 그 무기들을 무력하게 만드는 방법을 연구할 수 있습니다. 그것은 마치 여러분 자신의 발명품에 대한 해독제를 만드는 것과 같습니다! 여러분이 무슨 연구를 하든, 부디 여러분의 지식을 직접 통제해 주시고 또 여러분이 현직에 있는 동안 인류를 통제해 주십시오.

영구적인 정부가 수립될 때까지, '임시 세계천재정치정부' 안에서 단결하십시오.

세계천재정치정부: 세계의 두뇌

인류를 거대한 인체에 비유하면, 천재들은 그 두뇌신경세포들이다. 예술, 과학, 공학, 철학 등 모든 천재들을 세계천재정치정부의 본부에 함께 모으면, 그 정부는 인류의 두뇌가 된다.

그러므로 이 센터의 지하에 아주 정교한 핵방공호를 짓는 것이 매우 중요하다. 왜냐하면 천재정치가 도입되기 전에 세계적 충돌이 발생할 경우 임시 천재정치정부의 멤버들이 보호될 수 있고, 그들이 문명을 재건할 수 있기 때문이다. 그렇지 않다면, 인류는 다시 수천 년 동안 더딘 과학발전 기간을 겪어야 할 것이다.

세계천재정치정부의 실행 계획

〇 단기목표(3개월~1년)

가. 과학자, 발명가, 철학자, 예술가 등 모든 유형의 천재들을 보호하고 부양할 항구적인 세계센터를 설립한다. 이 센터는 최초의 세계천재정치정부(World Geniocratic Government: WGG)를 포함하며, 평화적인 발명품과 창작품들의 상품화를 통해 자체 자금을 조달하기 위한 조직을 설치한다.

나. 영재와 천재들을 찾아내고 그들의 성장을 지원할 학교를 설립한다.

다. 개인의 여가와 개화를 위한 센터를 설립한다.

라. 각국에 WGG사무국을 개설한다.

마. 세계의 천재정치주의자들의 연대를 위한 기관지를 발행한다.

바. 모든 민주주의 국가의 선거에서 천재정치주의 후보를 출마시킨다.

〇 중기목표(1년~3년)

가. 이 책에 서술된 기준에 따라, 또는 WGG의 천재들이 구상

하는 대로 주민들이 자기개화할 수 있는 영구적인 공동체를 창설한다. 예를 들면, 그곳에서는 로봇이 활용되고 자동화가 이루어짐으로써 노동을 최소한으로 줄여 모든 사람이 최소량의 시간, 즉 일년에 2주일 정도만 일종의 봉사활동 형식으로 일하면 될 수 있을 것이다. 이 정도의 노동만으로도 모든 사람에게 모든 것을 공급하는 데 충분할 것이다. 그곳은 배급경제가 실행되어 돈이 필요없을 것이며, 병역의무도 없을 것이다.

나. 적어도 한 나라에서 민주적 선거에 의해 천재정치당이 집권하고, 그 나라를 WGG의 세계센터로 삼는다.

O 장기목표(3년~7년)

가. 자발적 폐기, 설득, 또는 WGG가 개발한 훨씬 정교하고 절대적이며 비폭력적인 무기의 사용을 통해 지구상에 존재하는 모든 폭력적, 치명적 무기들을 폐기하며, 그 결과 WGG가 세계정부를 주도한다.

나. 국경을 모두 폐지하고, 민주적으로 구획된 모든 지역 출신의 대표들로 구성되는 세계천재정치정부를 수립한다.

세계천재정치정부의 재정 조달 방법

세계천재정치정부의 수립을 바라는 모든 천재, 과학자, 발명가, 예술가들 및 이에 공헌하기를 원하는 모든 세계인들은 이러한 시스템의 창설을 위한 일종의 세계세(世界稅)로 자기 수입의 10%를 WGG에 납부하겠다고 서약한다. 그 대신, 납부자들은 다음과 같은 혜택을 부여받는다:

가. 어린 영재와 천재들을 찾아내고 교육하는 특수학교에 자녀들을 보낼 수 있다.

나. 자기개화를 위한 센터에서 휴가 및 여가시간을 보낼 수 있다.

다. 원한다면 언제든지 배급경제와 천재정치적 운영에 기반한 공동체들 중 한 곳에 살 수 있다.

라. 세계천재정치정부의 여권을 발급받을 수 있다.

마. 천재정치주의자들을 위한 국제기관지를 수령할 수 있다.

최초의 세계천재정치운동 창설을 지원하자

우선, www.geniocracy.org 에서 우리에게 연락하십시오.

우리는 모든 나라에서 다음번 선거에 후보를 출마시킬 수 있는 조직을 창설할 필요가 있습니다. 당신은 인류를 구하려는 목표를 가진 이 시스템의 선구자가 될 수 있습니다. 당신은 좌익 또는 우익에 설 필요없이, 그리고 흥정과 분열을 일삼는 모든 정당을 초월하여 여기에 참여할 수 있습니다. 그 무엇보다도, 모든 논란을 떠나, 여기에는 지성이 있습니다.

당신의 나라에 최초의 천재정치주의 사무국을 설립하기 위해 또는 최초의 지역 대표단 구성을 추진하기 위해 당신의 도움을 기대합니다.

당신은 천재들에게 인류를 통치할 기회를 주어야 한다고 믿습니까? 그렇다면, geniocracy.org 에서 온라인으로 우리에게 연락하여 당신의 뜻을 알려주십시오!

〈 참고문헌 〉

1 "Les surdoues" (The Gifted) by Remy Chauvin, published by Laurence Pernoud Collection, Editions Stock.

2 "Art et science de la creativite" (The Art and Science of Creativity) published by the Union Generale d'Editions, collection 10/18, centre culturel de Cerisy-la-Salle.

3 "The biological time bomb" by Gordon Rattray Taylor. French publication from Editions Laffont, Collection Marabout Universite, Bibliotheque Marabout.

〈 추가정보 〉

www.geniocracy.org 홈페이지를 방문하세요

아래는 라엘리안 무브먼트의 공식 웹페이지와 관련단체들입니다.

www.rael.org
www.raelianews.org
www.raelradio.net

- Rael-Science 안내 -

Rael-Science는 최신과학기사를 엄선하여 구독자에게 배달하는 무료 e-mail 서비스입니다. 구독신청은 아래의 주소로 내용이 없는 e-mail을 보내면 됩니다.

subscribe@rael-science.org

〈 라엘의 다른 저서 〉

지적설계 – 설계자들로부터의 메시지
신(神)의 창조 · 진화론 아닌 제3의 기원(무신론적 지적설계)제시

지구상의 생명체는 우연한 진화의 결과도 초자연적인 '신'의 작품도 아니며, 우주인 엘로힘이 DNA를 이용해 실험실에서 고도의 과학 기술로 창조한 것이다. 그들은 문자 그대로 그들 자신의 모습대로 인간을 만들었는데, 이른바 "과학적 창조론 – 무신론적 지적설계"인 것이다.

이 우주인 과학자들과 그들의 창조 작업에 대한 흔적은 그들의 심볼인 '무한의 상징'과 마찬가지로 고대의 많은 문헌에서 발견할 수 있다. 엘로힘은 인류에게 간섭하지 않으면서도 스스로 진보할 수 있도록 붓다, 모세, 예수, 마호메트 같은 예언자들을 통해서 인류와 관계를 유지했다.

이러한 예언자들의 역할은 각 시대의 문화와 이해수준에 맞게 엘로힘이 전해준 가르침을 통해서 인류를 점진적으로 개화시켜 나가는 동시에 창조자 엘로힘에 대한 흔적을 남겨둠으로써 나중에 인류가 과학적으로 충분히 진보했을 때 창조자들의 존재를 이해할 수 있도록 하는 것이있다. 이 책은 인류의 과학적 기원뿐 아니라 자칫 인류를 파멸로 이끌 수 있는 핵무기, 인구과잉, 환경파괴 등 당면 난제들에 대한 슬기로운 해법을 제시하고 있는 미래 지침서이기도 하다.

* * *

감각명상　**육체의 각성이 정신의 각성을 이끈다**

이 책에서 라엘은 어떻게 하면 우리의 마음을 미래로 열고 자신의 진정한 잠재력을 깨울 수 있을지를 알려준다. 그는 우리 몸의 모든 감각의 즐거움을 일깨우고 소리, 색채, 맛, 향기 그리고 촉감을 더욱 강렬하게 즐길 수 있도록 도와준다. 또한 우리가 모순, 위선, 금기사항들과 지루한 우리문화의 착각들에 질문하는 능력을 향상시키도록 도와준다.

엘로힘이 인류에게 준 감각명상의 선물은 무한과 우리자신을 조화하도록 해주며, 존재의 엑스타시를 즐기게 하고 우주적 의식의 오르가즘을 경험하도록 이끌어준다.

감각명상책에 수록되어있는 6개의 명상들은 3장의 CD세트(영어본)로 판매되고 있으며, www.rael.org 웹사이트에서 직접 주문할 수 있다.

한국어 CD를 구매하시려면 한국 라엘리안 무브먼트로 연락주세요.

* * *

인간복제 미래에 대한 놀라운 예지

이 책에서 최초의 인간복제회사 클로나이드의 창시자인 라엘은 오늘날의 기술이 어떻게 영원한 삶을 위한 탐구의 첫걸음이 될 수 있는가를 설명한다. 뛰어난 통찰력을 통해 그는 우리에게 놀라운 미래를 보여주고 이제 막 태동하고 있는 우리의 기술이 어떻게 이 세계를 변혁시키고 우리의 삶을 변화시킬지 설명한다.

이 책은 우리가 파라다이스로 변모할 상상할 수 없이 아름다운 세계에 준비가 되도록 해준다. 그런 세계에서는 나노테크놀로지가 농업과 중공업을 불필요하게 만들고, 슈퍼인공지능이 인간의 지능을 빠르게 추월하여 모든 지겨운 일들을 처리해 주고, 컴퓨터 안에서처럼 계속 젊은 육체로 재생되는 영원한 삶이 가능해질 것이며, 그리고 아무도 더이상 일할 필요 없이 레져와 사랑을 즐기는 세계가 될 것이다!

* * *

각성으로의 여행 (마이트레야) 라엘의 가르침 발췌본

예고된 "서방에서 온 미륵" 라엘, 그가 지난 30년간 수많은 라엘리안 세미나에서 행한 강의들 중에서 발췌한 내용을 수록한 이 놀라운 책에서 그의 가르침과 통찰력의 진수를 접할수 있다.

이 책은 사랑, 행복, 평정심, 정신성, 관조, 완벽의 신화, 비폭력, 과학 등 다양한 주제를 다루고 있으며, 더 없는 만족과 즐거운 인생을 살기를 원하고 자기자신을 발전시키고자 하는 이들을 위한 훌륭한 길잡이가 될 것이다.

※ 이 책들은 전국유명서점이나 인터넷을 통해 구입할 수 있습니다.

※ 저자의 모든 책들은 www.rael.org 에서 무료 다운로드 받을 수 있습니다.

〈 세미나와 연락처 〉

매년 전 세계에서는 몇 번의 세미나가 개최되며, 라엘리안들은 그곳에 함께 모여 예언자 라엘을 통해 엘로힘의 가르침을 배울 수 있다. 이 세미나에 참가하기를 원하거나 라엘리안들과 접촉하고 싶은 사람들은 아래의 지역 라엘리안 무브먼트에 연락하면 된다. 86개국 이상에 설립되어 있는 각국 라엘리안 무브먼트의 연락처는 웹사이트 www.rael.org 에 게재되어 있다.

아프리카

05 BP 1444 , Abidjan 05
Cote d ' Ivoire
Africa
Tel: (+225) 07 .82 .83 .00
E-mail: africa@intelligentdesignbook .com

유럽

7 Leonard Street
London
England , UK
Tel: +33 (0) 6 16 45 42 85
E-mail: europe@intelligentdesignbook .com

미주

P .O .BOX 570935
Topaz Station
Las Vegas , NV 89108
USA
Tel: (+1) 888 RAELIAN
Tel: (+1) 888 723 5426
E-mail: usa@intelligentdesignbook .com
E-mail: canada@intelligentdesignbook .com

대양주

P .O . Box 2387
Fountain Gate
Vic 3805
Australia
Tel: +61 (0) 419 966 196
Tel: +61 (0) 409 376 544
E-mail:oceania@intelligentdesignbook .com

아시아

640-A1 Motomikura
Tako-machi,Katori-gun
Chiba 289-2311, JAPAN
Tel: (+81) 479 75 8030
Fax: (+81) 479 74 8007
E-mail: asia@intelligentdesignbook .com

영국

BCM Minstrel
London WCIN 3XX
England , UK
Tel: +44 (0) 7749618243
E-mail: uk@intelligentdesignbook .com